雪山隧道讓我重生。

柏言 著

目錄

3

前言

　　十個寒暑又過去了，這就是所謂的人生或醞釀吧！歷經二十年的征戰，一直想透過文字傳遞些什麼，結果在 2007 年初，寫了近兩萬字分成六個單元，列印給家人留存並且交代，這可以當成是我的遺書。

　　事後小六女兒羞澀的對我說，爸爸你的遺書也太多字了吧，我們讀不完。高一的兒子也認同，哈哈，我緊緊的抱著他們。

　　當時治療中的有嚴重胃潰瘍、偶發性心悸、半夜呼吸困難，兩科的醫生都提醒跟壓力有密切關係，我心知與長期失眠是有關聯的。

　　觀念中，擔心服用安眠藥會造成藥物成癮，也不敢隨便去找醫生，同時認為，這是個人的問題，自己要去面對及克服，不應該依賴的。但是在身心俱疲，強烈感受到被掏空的情況下，著實憂心，無法再陪伴家人走下去，所以選擇相信「天生天養」的觀念，加上一份經驗文字的傳承。

　　另一方面，實在搞不清楚自己，只是要做好一份工

5

作、扮演好一個角色來養家活口，怎麼會把身心搞成這副狼狽樣子，看看檯面上的那些政治人物、企業家，繁忙壓力更勝百倍，卻可以睡得著也應付自如，受創更嚴重的人士仍然可以再起，自己竟然如此的不堪，真的是體質資質不如人、努力不如人、技也不如人啊！

五年不到，在雪山隧道內遭遇了前所未有的狀況後，終於下定決心，必須找到醫生來診療大腦神經系統的問題，也因禍得福的走了這一段「綠色旅程」。

描述豐功偉業是愉悅的，但是描述紛擾的過往，尤其是和自律神經有關的問題，即使六個月前都還沒有辦法落筆，因為一回憶起往昔的灰黯點滴，還真的會心生糾結、腦壓上升甚至胸口發悶換不了氣的！

神經系統對環境刺激、大腦指令的反應，類似投手、打擊手和捕手三者之間互動進化的關係，是一場只為了簡單的目標，無三不成局的賽程。

有人受傷或是天下大雨時必需中斷，雙方球技落差太大，觀眾會感到無趣或者不忍心，在不同階段的遭遇當中，仍然需要找到適合三方的平衡點，進而優化整個投、打、捕的內容和品質。

如何與自己的身、心相處，是需要學習的，投、打出手的瞬間當然是無悔，但是之後很容易「追悔」，能夠

多快平衡這個追悔的能力，才是眞學問。

人生不是如戲、人生絕不是一場空。

一個人喜極而泣的誕生之後，整趟旅程就像是由投、打、捕紮紮實實的在堆砌，每一球都是那樣的深刻，只是因爲時間的沖刷才變得輕淡，棋鼓相當、得而復失、失而復得的一場競技，才會是一場緊張有趣又好看的精彩賽程。

每一個生命都是獨立的，不會有相同的兩場球賽，自身旅程的敘述，倘若有一兩點能納入您的參考，那將是個人的榮幸。

另一方面也誠懇的提醒，當有至親好友正處在「黯黑時期」，除了提供關懷、聆聽與建議外，自己要維持正常的作息，先看顧好自己的身心，理解他是「遭遇瓶頸」或者「生病了」，必要時就該找醫師診療。

如同在飛機起飛前的宣導片，上方掉下來的呼吸罩，必須自己先戴上，再去幫孩童戴上的道理是一樣的。

柏言

2017 年 2 月 13 日

壹

走出自己的綠色心道

一、熟悉的雪隧怎會開不出去

　　西元 2011 年八月的週六午前提早返鄉，準備接載母親去參加當晚的婚宴。表哥是在擔任農耕隊期間認識嫂嫂的，婚後隨夫來台定居三十年，真的是一段辛苦適應的漫漫歲月。

　　農曆年的走春，表哥總是帶著妻小來向先父、先祖母拜年，表嫂用著逐年進步的國、台語敘述著生活的種種甘苦，現在長子終於要取媳婦，真的是太替他們高興了。

　　駕車行駛進入台北市郊的隧道時突然一陣暈眩，隨即找到露天的路邊凹處暫停休息，也思索著為何會有如此的現象？昨晚算是這陣子以來睡得還好的，應該沒事休息一下就好，心裡想著。

　　繞行著蔥綠青山盤延的五號高速公路之後，來到了雪山隧道入口，這條通車以來一直抱著感恩之心在來回的隧道。

　　往昔不管白天晚上、颱颱風下大雨，每個周末或休假，沒有選擇的只能行駛北宜公路，返鄉探望父母及子女，再經過十二點九公里，就可以俯瞰左海右山偶而瀰

雪山隧道讓我重生　　　　　10

漫著稻草香的蘭陽平原了。

　　進入雪隧約莫一分鐘，眼前突然泛起整片的刺眼白光，幾乎看不到路，心跳加速腦壓急升！

　　糟了！直覺放鬆油門按下雙黃燈，撐著餘氣、挺直腰桿、推握著方向盤，伴隨著急促的呼吸，好不容易才開到隧道內的側停處。

　　一段如同潛水憋氣、度秒如年的行駛，停妥後，剎時好像浮出水面一般，眼前立即恢復正常。

　　這是怎麼回事？到底是怎麼一回事？一直問著自己！

　　下車休息才過了一下子，牆上的電子公告欄亮起緊急聯絡電話。

　　哈哈，是在告訴我嗎？！

　　拿起手機撥打過去，另一端傳來溫暖的問候聲，尋問需不需要幫忙。

　　當下心想，救護車若真的過來，隔天一定會上媒體的，因為不久前才看過報導，而且自己的車子也不知道要如何處理。

　　「謝謝啦，我只是有點頭暈，休息一下就會開走」，心存感激的回覆對方。

　　感覺恢復得差不多可以上路了，開啓了左方向燈、

11

踩下油門再度往前行駛，結果沒一下子，腦壓又上升，伴隨急促心跳和噁心的感覺。

糟糕，怎麼又來了！直覺的減速再閃雙黃燈，倘若再次靠邊休息，身體會如何變化真的不知道？

如同大地震動過後，驟然對腳踏的這片實地失去信心一樣，對身體這個熟悉到不行的大地，突然間沒有了把握，決定深呼吸、默唸著「阿彌陀佛」，挺著身軀讓車子繼續前進。

喔～快不行了！隧體中無限延伸看不到盡頭的感覺好強烈喔，上方的白色燈光從來沒有如此的刺眼過，要走、要停一直在麻花捲的揪心著。

這是回老家的必經之路，如此發展下去，真的會開不出這條隧道的！

絕對不能再靠邊停，此時若再停下來，就真的不敢再開下去了，以後可能再也不敢進入隧道，一股強烈的自我認知，支撐著自己微弱的餘氣。

直覺呼請熟悉的神明，救弟子啊！

說也奇妙，煞時腦壓、呼吸頓時和緩，能夠再有浮出水面的感覺，真的是很欣慰，但是過了一陣子，不適的溺水感又撲了過來。

心中也再次自喊著，忍耐一下應該快到了，再忍耐

一下就好，阿彌陀佛……。

好不容易，看到隧道出口左側牆壁上映著微弱日光，當看到出口右邊的凹處時，啊～哈哈！我終於開出了雪山隧道，可以暫時靠邊休息一下了。

回到老家跟母親說明身體有些不適，傍晚就改搭計程車參加喜宴，當時自己的氣色應該是很不好，母親臉露不安的同意，也叮嚀著先去休息。

到達宴會餐廳，上菜到一半時又出現暈眩及噁心，坐著都會發生！

直覺問題是不單純了，不得已找個理由先行離席，隨後攔車趕往附近醫院掛急診，醫生表示，先提供暈眩藥物若有問題再回診。

回到家之後，面臨了今天晚上要不要返回台北的抉擇。

休息一晚會恢復嗎？一道簡單又極具挑戰性的問題，明天是週日擔心會塞車，不可預期的問題可能會增多，好，那就在今晚一鼓作氣的趕回去吧！

跟母親道別後，再度開上了高速公路，途中發現當晚的夜空好暗～好暗，好厚的暗、暗得好厚。

從來沒有這種人坐在車內，卻與車像一體般的感覺，好緊密、好孤獨、好脆弱，整部車，就像是被包裹

在暗黑棉團的天地裡面，直向著縫隙鑽身前進，車速不能太快，一快，就會產生暈眩及噁心感。

　　在山與天一片黯黑的布幕前，看到了發亮的隧道口，就這樣，再閃著雙黃燈、深呼吸和唸著阿彌陀佛，以近下限的車速，通過了雪山隧道，抵達了台北。

二、我到底是怎麼了

血壓、血糖等等指數都正常，也不是中耳的症狀，那這種光眩、暈眩、心悸、噁心的情況，到底是什麼問題呢？想了想，決定去門診腦神經內科。

複診時，醫生看過頸椎、腰椎的 X 光片後表示，你有沒有去按摩而且被轉頭過，因為你的頸椎至少有三次受到傷害。建議要戴護頸，若不方便，那就請謹守開車或走路的時候，不能突然快速的轉頭。

近二十年來配合公務出差，來回兩岸當然是有的，但是次數不記得了，左後腰第十二根軟勒骨是受過傷，但是有這麼嚴重嗎？我驚訝的回答。

這兩天服藥之後，睡眠品質有變好，起床時比較不會無精打采。我接著說。

那就對了，因為體力、壓力種種因素，現在爆發出來了，測試的藥劑也適合你，沒有關係，我再來安排開藥，依時間回診就好。醫師微笑地對我說明。

信心吧！經過瞭解之後，對診療方向與用藥的認知和信心。

吳醫師是堅持不開安眠藥的，加上允許自己犯錯、

認輸和屢敗屢戰的心態，是支撐自己診療下去的重要動力，就這樣，挺過了最艱難的前六個月。

這期間，一個主要症狀好轉，接著又會出現新的症狀，過程就像是一趟奇異的旅程，讓我很深刻地體驗到大腦感官、中樞神經和自律神經，在人體內互動牽扯的關係，這是和其他器官疾病不同「位階」的感受。

這幾年除了血壓逐步偏高到 150 左右，驗血數值、心電圖、超音波報告，都在合格範圍之內，此次發生嚴重的暈眩心悸，導致無法開車通行長隧道之後，內心是深深的感到挫折。

睡眠品質有顯著改善，但還是很容易疲倦一直想睡，兩個月不到體重減輕了五公斤。

醫師表示，僵化許久的睡眠系統被喚醒了，這是「償還睡眠債」的反應。體重減輕，證明好的睡眠品質是有助於減重的，多吃天然的深色蔬菜、多喝水，不要服用具有化學成分的營養劑或食品，累的話要找地方休息，即使坐在馬桶上十分鐘都好。

牙周病的下門牙一直困擾著，碰到一個角度就會疼，咀嚼時點到痛牙的瞬間，真是刻骨銘心的崩潰，療程中，又遭遇病牙問題，雙重沖擊的當下，整個精神就像要垮掉一般。

醫師提醒，拔牙，對神經系統是很大的衝擊。

只好先做消極處理，忍耐了三個多月，經回診確認，已恢復到這個階段的身體，可以拔牙也視為是對身體抗壓性的測試，至於深層的牙周病治療就先暫緩。

轉介認識了牙醫王醫師，得知她自願去松德院區支援病友的牙醫診療時，心中著實感到佩服。現在能夠體會那些病友是需要協助的，而且是不容易的門診。

往昔胃潰瘍的問題，慶幸經過三次胃鏡和一年半的投藥治療已經恢復，否則拖到現在，還真不知道該如何面對，感謝醫師、醫療科技和全民的健保制度。

在此同時，昂首後仰也會突然眩暈，從來沒有的症狀現在跑出來了，怪不得一開始醫師會建議掛護頸。

肚子很準時的餓，必須馬上進食，否則情緒會出現焦慮，是很焦慮，比不耐煩還要強烈的那一種情緒。

這期間還要面對腹瀉的療程症狀，要來就來無法預期，醫師說明，這是身體在啟動排毒的現象。

更糟糕的是，我不能思考，尤其不能像往昔那麼「用力」的思考，否則立刻眩暈同時噁心，大腦無法再運作，眼睛也會睜不大。

看電腦時，滾頁太快會眩暈，看手機打字，不到兩分鐘也會無預警的發生，每次都嚇自己一大跳，立刻本

17

能地中斷閉眼休息，恢復的時間也比自己預期的要久。

　　一連串的反應，更確認 3C 產品是會影響人體的，包括視覺、大腦以及神經系統，現在的自己，就是真正的活體證明。同時也理解到，為什麼會有青少年在網咖幾天幾夜之後猝死，絕不是那三天三夜，而是很長一段時間的累積，最後在那一趟爆開了。

　　其實這幾年來，已經感覺思考變得卡卡的，大腦好像生鏽一般轉不動，尤其是記不住，都要透過手寫筆記才行，挫折感真的是好重好重。

　　幾次因呼吸不順暢，臨時停靠路邊下車休息，但是面對日復一日的工作，只能撐著或者降低自己的標準，因為必須要有這份收入來維持生計，內心著實不知道該如何是好的糾結著！

　　思考、思緒，這個與生俱來的本能，在此時卻真真實實的體覺到她的重量，是會佔據流量空間、會消耗能量的。

　　當下的我，正在修復這個遍佈全身的神經系統網路，能夠提供大腦所需的能量和流量空間都變得極其有限，一旦超限就會暈眩、心跳加速、噁心以及隨後產生疲累感的生理反應。

　　神經系統，用非常非常強烈的力道在向自己反應，

雪山隧道讓我重生　　　　　18

必須有所節制和休息，就如同電腦操太久、操過熱，也會無預警的當機一般。

　　壓力是在有「落差」的時空當中累積而成的，那個重量，會隨著時間的拉長、承受能力的好壞，產生不同的身心感受，首先衝擊的就是情緒、睡眠品質延伸到腸胃系統，劇烈的環境變動，也可能突然的引發。

　　當年的年底，有典禮需要司儀，電話那端傳來邀請的聲音，腦海泛起了往昔站在眾人面前的角色時，腦壓卻突然的上升隨即胸口發悶！

　　只好簡單的陳述自己的身體狀況，懇請諒解無法再擔任。

　　唉～身體的這個世界、這片大地，霎時完全改變，做夢也沒想到，與日常生活息息相關的本能，思考、視覺、消化和情緒系統，會變得如此的不堪與不能掌握，連走兩公里的路都會感到疲累。

　　因病、因意外的身體，其衝擊是難以承受，能夠敗部復活的人士，的確值得學習和敬佩。兩相比較的差別是，有具體的原因反而乾脆俐落，而現在的自己，四肢健全外觀無恙臟器正常，內在的身心、體力卻是一團的糟，而且無法預期何時會好轉，真的是有苦難言。

　　有時也會情緒反彈，都已經很努力了，還要怎

樣？！同時又會擔心自己是在找理由，產生了怠惰之心，就這樣糾纏在積極和消極的身心狀態之中，一天渡過一天。

　　旁人可以不用理會，但是面對正在陪伴、包容和等待的家人，真的是抱歉再抱歉啊～～～。

　　很慎重的告訴自己，包容是有限度的，即使是最親密的家人，能夠容忍六個月就要很感恩了，每個人都有自己的生活要過的。

　　往昔學習與工作的經歷，深信三個月就是一階段，最多六個月一定要有顯著的改變、要有進展，但可以不是完美。

　　超過一年以上原地踏步甚至往下沉淪，就連自己也會看不起自己而放棄的，走兩公里就累癱還是要走，就算突然會發無名火還是走，藉以維持最基本的身體動能，只是要如何才能夠加速恢復呢？自問著～～～。

三、過了這山又見雲峰

　　脾氣更壞了，就在思考、視覺症狀與疲累感有所改善之後，隨之而起的問題，發覺自己情緒的「控制點」不見了。

　　很容易因為一個執著點，就逾越過去而發脾氣，就像掉入水中，明明看得到浮木，但就是抓不回來的那個「負面情緒」，眼睜睜的看著自己隨浪發洩而煞不住，驚覺容忍或包容的身心機制失靈了，也向醫師說明這個現象。

　　在情緒控制點消失的這段時間，竟然會把新近或久遠的疙瘩或糾結翻攪出來，加上當下某個執著點，一碰撞就產生催化，匯集出龐大的負面情緒，並以強烈的措辭或舉措來展現，一副語不驚人死不休的態勢；打從心裡面，不想再依循過往中規中矩的言行舉止，不想再勉強自己，每當發洩完之後，身體就累了也癱了，需要休息好幾天，沒錯~~是需要好幾天才能夠恢復。

　　上述情況是可以重複測試的，同一個糾結點，一碰到，還真的會有相同的身心反應，心態上的支撐點是「據理力爭」「捨身取義」「我不入地獄誰入地獄」，行為

上展現的是「得理不饒人」「鑽隙刁難」「挑戰常規」，自己想辦法去迴避或轉移目標是唯一的對應方法，這樣的身心狀況：

就是「執著」已達到了「病態」的程度嗎？

道家所說「走火入魔」的身心現象之一嗎？

怨念、口業、造孽，是否也是在這樣的狀態下發生的？

答案如果是接近的話，那我現在可以分辨，佛家所言的「執著罣礙」、道家說的「走火入魔」，與「企圖心」「正義感」之間的差別了。

回想過往在勞累一段時間之後，總會因某件事情的觸動而發一頓脾氣，也容易情緒激動的高談闊論，偶而眼前還會一片空白，事後想不起來當時的人臉表情。

發生的頻率是很緩慢的在增加，面對這類情況，總以為是個人的修養問題，要靠自己的意志力來克制和調整。

其實這些身心情緒的現象，都是很不容易分辨「嚴重程度」的！

每一位個體的承受能力都不相同，有些情緒狀態，甚至是執行業務時必要的自信與展現。

一直認為是在「做對的事情」，自己的看法、個性就

是如此，這就是我！

　　在虛虛實實的混沌交著狀態下，也就不會去自我省視或者尋找專業人士的協助，甚至自以為比專業人士更專業，有誰能比我更清楚自己！日積月累下來，惡化到這般的程度。

　　沒氣的時候，真的就是不會生氣，沒氣的時候，對執著點也是莫可奈何的，不是不在意，而是沒氣力去在意了，等到體力元氣恢復之後，又會故態復萌的。

　　在此時期，觀照到自己很有意思的身心變化，相信，這跟每位個體的體質、價值觀有著密切關聯性，也符合年輕氣盛、年老氣衰，老年人脾氣會變好的說法。

　　依此推論，倘若真有一股強大溫暖和煦的力量，是可以讓人的心緒轉移而氣消，當場放下屠刀是可能會發生的，因為氣順了、沒氣了，即使飛禽走獸也可能會有放鬆和親近的現象吧？！

　　古人提醒，過度的喜怒或縱慾，容易傷害身心，此處所言的「心」，推論就是大腦、中樞神經和自律神經系統，這個會記憶、傳遞、運作，會習慣、成癮、反彈，也會綜合研判之後再輸出的人體「綠色系統」。

　　困難點是，實務上要如何判斷，到什麼「程度」才算是「過度」呢？

即使同一個人，因體質、年齡、健康的情況，承受的程度也是有所差異，這類的問題，應該一直困擾著人類，所以才會有各種宗教戒律的產生。

　　近十年期間，誤以為喝點小酒可以幫助睡眠，結果是愈喝愈多，日子拖長了，很容易酒醉、失憶及失態！

　　事實證明，喝酒促進睡眠不是人人都適合的，尤其不適合神經發炎「理性主控權不足」的失調人體，但是這個時期，卻是特別容易產生依賴甚至上癮，包括性的需求。

　　有云，福無雙至禍不單行。

　　自律神經失調的人體，對壓力、情緒的承受能力本來就不足，容易猶豫機車、會糾結與錯判，這種現象會反覆的發生，可以想像身處旁邊的人是很辛苦的，陪伴者必須要有因應之道。

　　此時期的身心，很容易產生連環套，出現錯錯錯連三錯的狀態，也會聽到關心人士的提醒，例如氣色不佳、卡陰等等，問題是要如何做，才是有效的化解方式，而且副作用是可以承受的？

　　再大的容量也有上限，寧可化整為零的調節釋放一旦累積成「疾」，就需要面對醫生診療和身心恢復的辛苦歷程。

連續劇式的出現症狀，相信會因人而異、劇情也會不同，共同點是，不能套用一般人對身體器官的疾病經驗。

這種介於軟、硬體之間的神經系統，是與當事人的思考模式、價值觀、身處的環境、長期習慣包括身體臟器運作，相互糾結盤繞的；這種「獨特性」，很容易造成自己或者家屬親友的誤解或錯判，相信這也是門診治療當中，醫、病溝通最困難的部分吧！

當情緒的控制點慢慢回來之時，新的症狀也並行或陸續的發生，例如：手上的東西會不經意地滑落、下嘴唇偶有麻木感、轉個身會忘了剛剛的事情，不是驚覺那一種，而是忘得像沒發生過。

我的天啊！從大腦的神經系統，再到記憶、思維、情緒，肢體動能，到底潛藏了多少的問題？怎麼又會感覺到自己活不久了呢？！

已經很長一段時間，不再泡溫泉或走登山步道，現在大致瞭解，即使那樣溫和的活動，在自己失調的神經系統狀態下，有的是過度反應、有些是不反應，是無法均衡的承受而產生舒適感，所以自然會遠離。

我一定要追回身心的平衡，直到能挺得住工作上的正常壓力，除了服藥以外，價值觀、思考習慣、日常的

作息，都要同步檢視和調整，如此才會有綜效。

哈哈，說起來容易，做起來還真的是不容易啊！

這是一個人身、心、靈的調整工程，類似要把一間老房子內、外都翻修，包括內部水管、電線都要重新抽換，施工期間，還可能碰到刮風下雨甚至地震，造成停工延誤。

佛家所說的「習氣調整」或者「業力化解」就是在指這些嗎？如果接近的話，有幸的，自己正在進行當中。

身心對這些改變的反應，當然是很不舒服、很嫌惡甚至是排斥的。透過理性的思考以及身體的好轉反應，是可以據以鞭策自己，關注好轉的部分，不用急，由淺入深、由點到線的逐步調整下去。

此時的「信」和「願」其實比較像夜空中的星光，很小也沒那麼亮，甚至忽有忽無，但是身處在這段期間，信和願卻是彌足珍貴非常重要，因為才能夠據以支撐的走下去，才有機會看到明天的日出。

凡事利、弊是比例相存的，符合上帝關閉一扇門，就會幫你開啓另一個窗，「現況」就是上帝最好安排的說法。

只是這個窗，需要你自己走向前去、抬起手臂、蹬

起雙腳、彎下身軀才能夠順利的穿越，這個具體行動的過程，正是上帝給你的作業，一份只有你自己才有辦法去完成的功課，上帝一直都在只是你誤解了「全能」這兩個字。

想到另一句話，上帝要毀滅一個人，必先使他瘋狂。合理推論，就是神經系統或者大腦的毛病所造成，並不是上帝故意的。

佛、道兩家都在宣導放下煩惱、清心寡慾，看來都是在提醒大家，日常生活中要懂得畫逗號，能夠有效的轉移，適時減輕神經系統的負擔，身心能量要用在重點上，維持身體良好的吸收和恢復能力，如此才有利於長期養生和心靈的成長。

懂得適時適度的降低標準但不是懶散，是需要學習的。

正面思考的看待自己，也是需要練習的。

回顧過程，深刻的體認到自己十四歲以前，在家庭、學校的生活規範，責任、榮譽和國民生活須知的要求，一直扮演著督促自己的重要準繩。

這證明，從小的生活以及道德教育是絕對必要的，即使身心再如何的不堪，仍然以之為準繩，盡量的去遵守，不要使傷害層面持續擴大，簡單的觀念如下：

打死不碰毒品。

生命都是獨立的個體。

今日事今日畢。

飯、菜要吃完，衣服穿著要整齊清潔。

頭髮、指甲定期修剪。

居家或辦公環境，維持整齊清潔。

遵守交通規則，開車禮讓行人，行人感謝讓行的駕駛。

違法亂紀就要成比例的受罰。

尊者達賴喇嘛（Lhamo Thondup）把「戒」字，解說是「守護」的意思，現在能夠體會了。

四、哪裡跌倒就從哪裡爬起來

2011 年 10 月，蘋果執行長賈伯斯（Steven Jobs Theater）結束了精采的一生，頓時勾起 1991 年的那份悸動，當時媒體報導李安導演的掘起過程，個人關注的是，在家蹲馬步的那六年是如何渡過的？他的家人是如何陪伴的？！

再一次確認生命的「重量」都是一樣平等，但是生命的「價值」卻是各個不同，自我鼓勵要為「價值」走下去，生命的長短並不是唯一的重點。

並沒有中斷開車，普通道路四十公里/小時以下是可以的，只是不能久開，經過三個月進步到六十公里/小時，不敢開太久心裡會擔心，避開不能靠邊的快速道路。

期間發現在隧道內，上方的白色燈光比黃色燈光容易引起暈眩，降低車速、深呼吸是唯一能做的方法，此時的我對速度、一明一暗的滾動、光線的色彩及亮度，是如此的敏感。

回想治療胃病期間，以為恢復很多了想再嘗試一下，結果一喝冰水就痛，才驚覺冰品對胃是這麼沉重的

29

負擔。

　　沒有毛病的時候，身體配合意志的指令走，自以為只要我喜歡有什麼不可以，一旦有了毛病，才會反向的尊重這具原本視若無物的軀體，修行要略帶三分病，應該就是講這個互相尊重的道理吧，並不是這個臭皮囊不重要。

　　常常要找加油站上廁所，因為會突然想要拉肚子，療程中的腹瀉問題是另一種考驗。

　　醫生說，該拉就要拉，這是神經系統啟動修復的必要過程，這正是身體把毒素、把不好的東西排泄出來，排便次數會增加，但是每次的量不多也不會成形，每排一次就進步一些些，會造成作息的不方便，但是要想辦法調適過去。

　　隔年元月，車速進步到八十公里/小時，開始會上一小段快速道路來適應，一定要去挑戰雪隧這條回鄉的必經之路，否則心中的挫折感會一直瀰漫無法散開，在哪裡跌倒就要從哪裡爬起來！

　　醫師表示，現在你恢復的情況可以去嘗試，挑戰成功的時候要讓我知道。

　　時速可以達得到，只是在聚精會神一段時間之後，仍會無預警的暈眩、事後也會很疲倦，暈眩心悸的不可

預測性，深深的困擾著我，但是應該可以嘗試了，兩個月前的拔牙就像期中考，這一趟就是期末考了。

　　終於鼓起勇氣，選了一個風和日麗的清晨，循著五個月前的路線駛去，到達坪林的交流道之前，很慎重地再問了自己一次「要不要改天再來？這一過去就沒有回頭路了。」「走吧，就衝進去，頂多再按雙黃燈而已。」心中的另一個想法昇起。

　　好吧，就往前開，面對雪山隧道的入口時，深深的吸了一口氣，挺腰、推握著方向盤，用當時規定的下限六十五公里/小時的速度駛入，先求穩再求好邊走邊看。

　　看不到盡頭的隧道體內，空氣是凝結的，淒冷的白色燈光下，四周都沒有了聲音，只瞄到左邊車道的車尾燈往前遠去，寂靜得只能感受到自己的呼吸以及心跳，平低看著地面和分隔線，盡量避免正視上方的白色燈光和無限延伸的隧道體，開著開著，駛過了一半路程，心覺還可以喔！

　　好啊！就加速到七十五公里/小時，嗯嗯~身體並沒有出現不適的反應，當看到隧道出口的天光時，我放鬆了腰桿吐了一口氣，這口氣，整整憋了近六個月。

　　北返時，瞬間加速到當時限速的上限八十公里/小時，啊~哈哈，挑戰成功，成功了！這是 2012 年農曆年

31

連假後，給自己最好的一份禮物。

再度通過雪山隧道的這段過程，不就類似運動員受傷後的復健療程。此時才能體會王建民傷後復出，在2011年七月加入大聯盟國民隊，是多麼的不容易。

從看得到的傷勢到看不到的內心，還得全力維持肢體動能的記憶，整個過程，如同隻身處在看不到盡頭的隧道當中，支撐他的，應該只有簡單的目標和堅韌的身心吧！就算放棄，也沒有人會責怪的，「如人飲水冷暖自知，不經一事不長一智」，這兩句話獲得了驗證。

2012年三月對戰老東家洋基隊那一役，從電視中目睹王建民再次嚴重摔傷，當場叫了出來，心中滿是不捨，也認為這一下子完了！

沒想到在2016年還能夠再登上大聯盟，皇家隊總教練 Ned Yost 在記者會中，稱讚他是一位勇者。肯定他在大聯盟八年起伏的奮戰，是的，在這個過程，他確實是一位值得讚許的勇者，也印證了「自助人助，自助天助」這句話。

五、疾病與痊癒的定義

2016 年元月，醫師同意停藥自主管理，歷時四年六個月。同時表示，在重新通過雪隧之時，其實病況已經算是穩定了。

就在六個月前，感覺元氣恢復而且是持續的，代表身心整體更上了一層樓，緊接著排便次數回到正常次數，表示身體機能是復原了。

醫生囑咐著，就因為身體的防護網已經修復，未來若有超壓自身會有反應，常見的是腹脹排氣的現象，這就代表身心需要跳脫和休息一下；隨著神經系統的痊癒和重新掌握主控權，想法也會跟著改變，現在的你，已經不是過去的你了，恭喜恭喜！

停藥自主管理之後，心理緣故吧，一開始是會擔心的，是真的擔心又睡不著覺，該怎麼處理！？

醫師曾強調，倘若真的好了，自然一顆藥都不會想吃的。結果在一週後果然就拋開釋懷了。

一開始停藥，腸道經歷一次罕見的便秘，經投藥舒緩，十天之後也適應了，而且是持續的穩定，不像往昔服藥或健康食品後，隔一段時間又開始腹瀉。蔡英傑教

授所著《腸命百歲》這本書是有所依據的，只是因與果的關係是如何呢？

個人的看法是自律神經系統的穩定性是前因。

停藥之後，有一個身心現象是值得玩味的，就是很專注的想一件事時，尤其是需要下決心的事情，腦壓還是會些微增高、頸部產生緊縮感，但不是暈眩，可是會讓你不敢用力的再想下去，如同使用手機拍照時，瞬間抓不到焦距，被迫暫停的那種感覺。

整體情況痊癒了近九成，但就是體感到有一兩階攀不上去，例如談話起了興致時，會突然覺得心緒產生震動而必須停頓，無法像往昔那般地歡唱，因為氣搆不上，也擔心會瞬間暈眩。

這期間互動的親友舊識應該會感受到，只是不好明說，而我也只能事後輕描淡寫的說，我擔心會暈眩。

難道這正是藥品療效的上限，伴隨著自身老化的綜合因素所造成的嗎？疾病和痊癒的定義，在不同的領域，看來是有差異的，尤其是自律神經的問題。

這就是「退化」和「退轉」的差別嗎？

民俗信仰中所說的，人有意志神，這也是自律神經細微中的一環嗎？

看來是要在「得而復失、失而復得」之後，才能體

雪山隧道讓我重生

驗才能夠比較，是外在人事物與自身反應兩者之間互動的呈現，是要「雙向探討」的。

佛家強調「體證」，人生一直沒有「狀況」要如何去體證？能力強福報大的人士，一路努力克服迎面而來的挑戰，也如願的走來，對自己當然是深具信心，這也是必要的自信。

遭遇到無法逆轉的挫折時，才有機會來重新檢視，所以不如己願、挫折、失敗等等的痛苦，其實正是一份功課，也考驗著你的選擇，類似被投手丟出了一顆「觸身球」，或者球場上冒出一隻「拐子腳」，你不會就此不敢再上球場了吧！

離苦得樂的第一個步驟是，在現有環境之下，轉移目標暫時的抽離，讓自己先坦然面對的走下去，然後再邊走邊調整。所有的思維、方法都是在平穩內心的韌性，減輕或迴避陷入逆轉的漩渦，包括診療也是期盼能夠縮短恢復的時間，往昔的個人就是拖延得太久了。

「求不得苦」是需要「雙向分析」原因的，手不酸心不累，怎會想到要放下，只是要「減輕」，並不一定要完全的去「解決」，更不是要「忘記」，因為不會忘的，所以強調的是「圓滿」而不是「完美」。

長期的放心不下，沒有途徑適度宣洩，堆積層疊之

後，容易演變成「著心」，甚至因為一次關鍵的催化，不惜挺而走險或以卵擊石；另有完全相反的反應，全面畏懼排斥的逃避，其實這些心態，都無助於人生全局的發展。

很多身心的體會，是文字、語言、影像無法形容的，單憑說文解字，很容易產生隔靴搔癢、吹毛求疵、捏手捏腳、無限延伸的不自在現象。

佛家所說的「放下」，推論是在強調放鬆的需要、放鬆的方法、放鬆的品質、放鬆的境界。

如何不到「病態執著」的程度，又能化解問題的正向循環，才是學問才是功夫。

例如：回想往昔的失戀，景象沒有忘但是淡了，這就是不再著心，坦然了。

雙方沒有原地踏步，各自結婚成家，當年的痛苦變成一絲溫溫的回憶，了解了什麼是有緣沒分，這就是能夠面對他、承受他、化解他，然後再讓時間輕輕地淡化他。

「時間」在過程當中，總是扮演著不可或缺的角色，一個人打從出生開始，就踏上這條似乎有劇本，但是可以選擇的航程。

雪山隧道讓我重生

從母體出生後的第一次哭聲開始，好不容易才碰到這個令人挫折的時空，找盡理由，也要讓自己走下去，因爲這就是「試煉」，你一定可以挺得過去，困難度僅在一個「轉念」的距離。

大勢至菩薩念佛圓通章中所提：

十方如來憐念眾生，如母憶子，若子逃逝，雖憶何爲，子若憶母，如母憶時，母子歷生，不相違遠，若眾生心，憶佛念佛，現前當來，必定見佛，去佛不遠，不假方便，自得心開。……

社會新聞偶而報導的國內外殘忍案例，是否可以提前引導化解呢？

有一些案例，是已經在接受診療，或者已服刑完畢，但是當事人在某一個時空之下，仍然做出很可怕的憾事，看起來，這當中還是有一段失落的環節。

「絕對的邪惡」推論是存在的，各個宗教都有審判和地獄的描述，即使慈悲的廣開巧門，但還是有眾生墮落了。

六、善因緣

　　2016 年九月初見到五年未謀面的詹居士，也介紹認識了吳居士。

　　一如往昔俐落的表示，要幫我淨化一下身心，詹居士有感而發，有些關口真的需要他人的協助，所以才有「他力成佛」這句話，這兩次我幫得上忙，倘若幫不上也會告知的。

　　我回答，能夠坦然面對及告知，往昔可以，現在已經不具備相關能力了。這樣的一位老師，絕對是值得尊敬的。

　　洽談過程中個人也表達，我做過錯事，但不做傷天害理的事情；沒有能力做很多的實質供養，但是答應的事情，會盡全力的完成，至少不要造成提供協助的善知識產生無形的負擔。

　　結束前吳居士表示，佛菩薩要我每天唸一百零八次「六字大明咒」。我點頭允諾，因為當下已感覺到後頸部及胸口變得輕鬆些。

　　佛堂供奉著佛祖立中的三寶佛、財寶天王和千手觀音。

返家途中思索著，長期掛心的看護著家人，包括化解祖先糾結，現在輪到業力現前的自己了。

來到這個歲數，是該好好的清理清淨，掙得的物質條件雖然談不上富裕但也盡力了，展望未來無能保佑就算了，不要變成干擾後人的祖先，那就真的太遜了！

隔天早上，在家中神明座前焚香準備讀唸，心中卻滴咕著為何是一百零八次，隨心而唸、不要規定次數不行嗎？還要掐手指很麻煩的。

但就在持唸完畢之後，打了嗝胸口頓覺寬鬆感，隨後也自然的排氣。啊～～找對醫生吃對藥了，心中歡呼著。

事後不由自主的一直想唸也唸著，走路開車只要方便就唸，並不會影響注意力，感覺體內有股濁氣發悶時，一直唸著唸著，大腦的波動頻率好像會降低，同時放緩了思緒，長吐一口氣後胸口隨之疏暢，可以重複的嘗試。

三天後，發現手指配合大腦，在數一百零八次時相對流暢，七天後，大腦分別層次的記憶較先前清晰。

邊唸邊計數的唸咒方式，看來也是一種頭腦體操，是一種復健的方法。

有毛病的自己，此時此刻才能感覺得到這種些微的

變化，以後不會再無俚頭的批評了，期間也深深感受到自己，像一座「念頭的發電機」，搞不清楚怎麼會有這麼多的「雜思」？

兩個月後轉告，每天加唸消災、如意、準提三小咒各二十次供養藥師佛。

六字大明咒、三小咒（消災吉祥神咒、如意寶輪王陀羅尼、準提神咒），是生平第一次在家中神明座前持唸。

聽聞說六字大明咒是驅魔咒，亂唸有時會傷及無形甚至遭遇反撲。

經過了這一段時間的體會才頓悟，是「初發心」的不同，你是針對自己的內心在清理清淨並不是對外，一開始的心向就已經不一樣，也自覺業力可能太深重，才需要這樣的持唸吧！

第三個月轉告，虔唸「佛說阿彌陀經」供養阿彌陀佛，若不方便，可持唸一百零八次阿彌陀佛佛號，農曆年前，可以到寺院跟唸南無阿彌陀佛佛號。

點頭允諾後，心中不禁讚嘆佛菩薩真的是明白啊！

阿彌陀佛佛號長期以來是心起就唸、作惡夢都會唸，但是我不曾唸咒讀經，因為多年來一直聽到，不要在家中唸經的說法，對某些經文也是有疑慮的。

佛菩薩給了我選擇的機會，不想一下子唸太多的勉強，適性規畫的引導，不正是調理自律神經系統的重要原則嗎！

　　我先選擇一百零八次的阿彌陀佛佛號，當然，代價就是需要多一些時間，這也符合業力有輕重、資質有高低的個體差異。

　　是的，我要多付出時間的成本，但是心中卻是舒坦的，先求有、再求好是很重要的程序，好高騖遠、受挫後再放棄，其實是更糟糕的。

　　腦內科的診療不也是如此，避開快速的安眠藥，接受醫師的療程，緩慢、辛苦，但卻是從根本來解決毛病，

　　急，也急了大半輩子，急的意義和內涵到底是什麼呢？

　　這期間都沒有提到「祖源糾結」的問題，代表往昔的處理是圓滿的，這已是第二次的間接確認，心中著實鬆了一口氣。

　　三個月後 2017 年元月，發覺大腦的意念可以對準「焦距」，可以承受比較「重」的思考，閱讀時，心緒比往昔平順不會再跳動。

　　第四個月，第一次在三請南無本師釋迦牟尼佛後跪

唸「佛說阿彌陀經」。

唸讀前再次地確認，在家裡的神堂前讀唸，是沒有問題的？吳居士回答說，這是一般經書沒有問題的，有些大部經或是特別的經典則要避免，也建議農曆年前可以到寺院跟唸「慈悲三昧水懺」。

第五個月，首唸「妙法蓮華經觀世音菩薩普門品」。唸完供養觀世音菩薩後再迴向見聞者。

此時持唸六字大明咒，身心已經沒有一開始那種蓬鬆飢渴的急需反應，友人得知我在持咒唸經，主動交付「藥師琉璃光如來本願功德經」、「金剛般若波羅蜜經」的課誦本，也提點了「大悲咒」的唸法。

管線好像除鏽後重新鍍了膜，線心也類似補注潤滑劑，心田紮實了很多，可以禁得起踩踏，這也符合神經系統能記憶累積、邊際效益會遞減的生理現象，能不能持續下去是一個關口，此時「信」或「願」依然扮演著重要的角色。

這段期間，體覺到影響神經系統的另一個可能元素，就是本性靈體或稱為元神的存在感，因為同樣是舒暢，但是與往昔服藥期間的感受是有所不同的，在意念、言語、情緒、行為之間多了流暢、繽實、集中的體感。

過往的診療以及觀念行為的修正，類似電腦硬體修復及軟體的調整，也許就是有了這些修復與調整，才能順利接續善因緣的引導。

如今在元神的淨化及充能之後，終於三體合一的來到新的身心平衡點。

是動態的，是跨入另一個區間內上上下下的，可以感受到往昔是陷得多深，壓迫感有多麼大，也驚訝自己竟然還可以挺得過來。

不應該說是自找的，比較像是因緣、因、果的交互牽引之下，個人就是必須繞行這一趟「路」，如今有幸走了出來，能夠更平衡的看待周遭的人事物。

這樣的狀態能維持多久？沒有把握，但是此時此刻，真的感受到「失而復得」的合體自在感。

這就是佛家經咒妙力的體證嗎？！

這是修復人體感官動能的方程式嗎？

運用文字、聲韻的傳遞，產生身心的共鳴共振，讓人體神經系統的某一個「未知的介面」得以溫潤放鬆！？

往昔看到一些信眾尤其是女士，突然勤走寺廟或者相關團體，是否就是被這種流暢的體覺所吸引？

偶有打哈欠、眼皮重、打嗝，甚至排氣，並沒有壓

抑這些生理現象，自覺是放鬆的反應，繼續唸，唸完之後精神就會變好，夜晚也比較容易入睡。

第七個月某天一時興起，上下午各一小時唸咒、讀經，供養神佛之後當下精神很是清爽愉悅。

結果當晚卻睡不著覺，因為精神仍然好得不感疲倦，但在隔天唸經的動力卻熄火了，伴隨兩三天腸胃的不順暢。

於是暫時放下但不是放棄，經過了十天才恢復平常的唸誦，這個現象給了自己很大的啓示，不是愈多愈好、愈快愈好，有時會欲速則不達的。

貴在恰當和持續，當下自己的身心狀況，一次唸太多或求快，反而產生不平衡甚至衝擊，類似服藥過了量。

直線行進的時間，是成長過程不可或缺的要素，日曬風吹雨淋下，逐步成長的樹木才是健壯的，當然樹種、環境也是關鍵，低海拔長得快而蓬鬆，高海拔長得慢但密實。

世間萬物三個月一小階段，十八個月，是改變內外景緻的一個中循環，整個大的循環可以到十八個年頭。

所謂的專家，就是在不同的時空當中，能夠依循因緣、分辨樹種，斟酌當下內外環境給予救急安住。

雪山隧道讓我重生

有所起色之後，再協助規劃適時、適性、適量的元素，以此推論，神經系統的恢復和本性靈體的提升，也是這個道理吧！？

　　心煩或情緒起伏時，在唸咒讀經之後，心海會逐漸的平靜，曾經唸得滿頭汗滴，身體卻是清涼的，幾次下來才頓覺，不是心平氣和時才唸，感覺心不平、氣不順時更需要唸，唸到心氣平順。

　　這個波動的頻率、修復的程式，雖然不是萬靈丹，卻可以相對撫平你的一些心緒，這陣子不管是步行或泡溫泉，可以再體覺到久違的身心舒暢感，連理髮店老闆娘都有感的說，先生的氣色好很多喔！

　　啊！人體真的就是這麼的複雜、神奇而且有趣。

　　已故作家林清玄所陳述的柔軟心無罣礙，柔軟心是怎麼樣的狀態？如何才能達到柔軟心呢？二十多年之後終於能夠瞭解。

　　第九個月首次跪唸「普賢行願品」及「大勢至菩薩念佛圓通章」。

　　前段時間，個人有機會在三寶佛前參敬時，只有祈求一件願望就是開啓智慧，現在喜獲回應。

　　轉告每日加唸「藥師灌頂真言」二次迴向母親，後續這一段期間我在唸讀佛說阿彌陀經或者普門品之後，

也不多不少的恭唸三次，呈請南無藥師琉璃光如來慈悲作主，迴向自己的母親，個人解讀僅三次是劑量。

　　出外時，就先對著觀音菩薩的小佛卡，唸十次南無觀世音菩薩以及 108 次六字大明咒之後才開始讀唸經書。

　　時序到了 2020 年 5 月吳居士轉告，要唸 100 天的「藥師琉璃光如來本願功德經」。

　　我唸到第二天，救脫菩薩的那一大段，因為結尾的八個字，讓我實在唸不下去，也獲得「暫時可以不唸」的回覆。

　　100 日後轉告，可在農曆 7 月的早上，讀唸「地藏菩薩本願經」，一週兩~三次，藥師經也再持續一個月每日供養藥師琉璃光如來。

　　迄今並沒有轉告要吃素，看來食素並非絕對的要件，是因人而異的。

　　每次在宣說是「代佛傳法不是超渡」之後，三請南無釋迦牟尼佛隨即開始唸讀。心中也頓覺四年過去了，現在才提點可以讀唸地藏經，這也是因應不同個體的循序漸進吧！

　　這一次藥師經中「救脫菩薩」那一段，想通也釋懷了，可以順心完整地唸完。

　　2020 年十月轉告，個人與藥師經很相應，持續唸讀

「藥師琉璃光如來本願功德經」。

　　人生的學分早晚要修，端看在哪個時空遭遇而已，來得早不如來得巧，所以才有漸悟與頓悟的說法，漸悟像是在滑行蘊釀，頓悟則是離地起飛的那一刻。

　　有些人士接觸宗教後並沒有特別的感受，其實是要恭喜他的，代表並沒有缺少什麼，需不需要提升，端視個人的因緣和選擇。

　　達賴喇嘛曾提到，也要重視無信仰者。

　　因緣俱足下，只是單純的唸著，天地藉此暢通飽滿你的自性靈體，讓當事人浸潤補充之後，能夠堅韌的再去承受生存、生活的種種重量。

　　就是這麼單純，無關善惡與是非對錯，沒有形像沒有意念，所有文字語言的描述，只是要你去體驗這一趟旅程而已，只是每個人需要找到適合自己的路子。

　　江本勝所著《生命的答案水知道》看來是有所本的。遍佈人體 70%的水分，推論就是扮演著傳遞的角色，包括經、咒音頻的傳送，分佈在大腦、神經系統和各臟器筋骨的液體，其分量、成分、濃度都不相同，如何使其恢復本質，能夠平衡的相互運作，這就需要分階、分段、分內容及方法來探討進行了，合理推論這些體液正是影響身心的變動因子？！

2021 年五月，發現在早上與午後的唸經，自己唸讀前的心緒反應是有所不同的，這也輝映了腦內科醫師所說的，早上、中午和晚上，所服用的藥品雖然一樣，但是調整的區域是不相同的，個人後來甚至將「感恩」二字當成咒語來持唸。

（一）自省與溯源

　　追溯到國中三年級（九年級）的下學期，突然會拉肚子，是吃完東西就想拉的那一種，腸胃藥都吃不好，考上心目中的高中後，面對眾多的科目下，驚覺功課都讀不完，吾日三省吾以及傳不習乎，根本做不到！

　　是自己不才，還是農業時代課程少、時間多？加上自我的期許不低，熬夜、失眠、焦慮，上課無法專心了，不到一年就自我放棄。

　　往昔的經驗，努力、用功就可以考好成績的經驗，在此刻面臨了嚴峻的檢驗，是很想讀~~卻讀不下去，更震撼的是竟然記不住！

　　事實證明，長期、多科目的閱讀和理解，對身心的

考驗並不是那麼單純的事情，得而復失的身心愁悵滿懷於胸。

自律神經系統，應該是在十六七歲時，已經透過腸胃在強烈反應了，也因為一直沒有妥善的調理，高一時，已擴及到對周遭人事物的感受，總認為唯有自救，沒有人可以幫得了，也不想再聽那些陳腔濫調，自以為是地鑽進了牛角尖、象牙塔，接近「哀莫大於心死」的現象！

記得當時很慎重地給自己一個約定，不管情況有多麼糟糕，一定一定要為奶奶以及父母親活下去！

「境」是會隨心轉的，只是此時是往灰黯方向轉去而無法自拔，軀體就是混混噩噩的渡過三年。

要如何有效的化解呢？

在原有的環境下，單靠一己之力想要翻轉，絕非易事，直到服兵役的兩年期間，在那權威的獨立環境中，才有了比較具體的改善。雖然仍有腸躁症狀，但已證明，轉換到具有權威、規律的環境一段時間，對自律神經失調的恢復是有幫助的。

不科學、不客觀，人云亦云的「盲定目標」，在不同階段「最大」與「最適」兩者之間，沒有找到平衡點，主觀期望和結果落差太大、太久時，很容易發生「自己

打敗自己」的現象。

　　求學、工作如此，感情、家庭的調理、企業的經營甚至專業修行人亦如此。

　　多年之後才閱讀到，人類大腦約在 14~18 歲之間，會有一次的重整，時間快慢長短、重整期間表現出來的行為現象，每個人是不同的；其實每個人的記憶容量、學習傾向、強弱勢分佈也是不同，這正是人類個體獨特性以及多樣化的基礎。

　　這是否就是老人家說的，要等「開竅」的過程？

　　是否就是紫薇斗數所稱的「空亡期」？

　　求學過程的自身經歷，讓個人很重視子女，在國中時期，學校提供的智力測驗以及學習傾向分佈。「強勢傾向」就不受課堂所限的滿足小朋友，「弱勢傾向」會找課外老師幫忙維持基本能力減輕挫折感，但是不會在成績上作太高的要求，進步了及時讚賞，挫折時共同探討原因，因為事後搞懂了也是一百分的。

　　與其吾日三省吾身，搞得憂鬱症，不如日行一善、一日一句好話。

　　教改後的小學，將生活教育、寒暑假的戶外活動，納入家庭作業，家人才有機會共同參與來完成。當長子進入高中之後，才發現學校社團活動的澎勃發展，還特

雪山隧道讓我重生

地去觀賞及拍攝成果發表會。

是啊~不管你是傻瓜或天才，當你在課堂上找不到成就感時，一天要待八個小時，實在也夠煎熬的，維持不遲到、不翹課，已經是值得肯定了；課外的社團活動，會是一週當中期待的場合，增添了前去學校的動力，也能分散學業成績是唯一的巢臼。

閱讀百本的名人傳記，不如去挑看三本適合當事人當下的故事，前提是，可以身體力行，維持一小段時間的努力，是做得到、看得到的小成果，先取得自信心，問題是哪三本適合你？

所謂的專家，就是能在適當的時刻，扮演「點睛協助」的角色，減輕煎熬同時節省大量的時間。這些人士，廣為分布在教師、專業醫師、企業單位的主官管、經營者，以及各領域的先進或長老當中，當然也可能是一位童心童言的小朋友。

這位能夠因人而異的提點人士，需要因緣是難得的。

傳說中的禪宗二祖慧可，長跪雪地自斷右臂求教達摩祖師，在那個農業的時代，還真的是往死裡面去掙脫，太辛苦也太危險了。

自己幸運多了，面對過度反應或者不反應的神經系

51

統「發炎症狀」，伴隨著「自以為是」的身心反應，因緣找到適合的醫生，也吃對了藥起碼先穩住。

　　某次回診在等待取藥時，惦念著似好非好、拖拖拉拉的病情，記憶中突然浮起看過的報導，一般復健的療程時間，大約是病史的十分之一。

　　喔～～據此推論，這一趟可能要走三到四年喔！低頭深吸了一口長氣，告訴自己，這是一場馬拉松，絕不是百米的賽程。

　　要有目標，但不能主觀的訂標準和時間表，而是需要耐心的「陪伴」這個身體走下去，因為是藥效走到哪裡，有毛病的地方呈現出來再進行修復，誰也不知道下一站會出現什麼樣的症狀！

　　軟體的「觀念」和本性的「靈體」，隨著「因緣」找到適當的方法來進行調焦和淨化，分進合擊下的「三足平衡」，相信可以再重新鼎立。對當事人而言，也相對平穩和安全，不是每個人都有二祖慧可那樣強韌的身心以及承受力的。

觀世音菩薩普門品中的兩段的敘述：

若有無量百千萬億眾生，受諸苦惱，聞是觀世音菩薩，一心稱名，觀世音菩薩即時觀其音聲，皆得解脫。

若有國土眾生，應以佛身得度者，觀世音菩薩即現佛身而爲說法。應以辟支佛身得度者，即現辟支佛身而爲說法。應以聲聞身得度者，即現聲聞身而爲說法。……應以長者、居士、宰官、婆羅門、婦女身得度者，即現婦女身而爲說法。應以童男童女身得度者，即現童男童女身而爲說。……。

這段描述呈現出因才施教、適性教學的基本原則，日常生活中懂得停看聽的感受周邊的人事物，這是娑婆世界中心靈成長的必要過程，必須親力親爲才能有所得，佛祖將之說明出來。

《地藏經》閻羅王眾讚嘆品第八提到：

如是迷人在險道中，須臾之間即遭諸毒，有一知識多解大術，善禁是毒乃及夜叉諸惡毒等，忽逢迷人欲進險道，而語之言：咄哉男子！爲何事故而入此路？有何異術能制諸毒？是迷路人，忽聞是語，方知險道，即便退步，求出此路。是善知識，提攜接手，引出險道，免諸惡毒，至於好道，令得安樂。……。

曾經收看基督教的有線頻道，主講的牧師提到，偶而在禱告一件事情之後，會在某一個時空看到或者聽到，可以據以參考的資訊或景象，這是恩典。

　　個人是認同的，因為自己也偶會發生，最近的一次就是在重拾舊文檔案，興起落筆的六個月之後，在 2017 年中秋，尊者達賴喇嘛首次在網路中弘法，很多的困惑得到釋疑，往昔的一些推論假設，也得到確認或者是排除，所以地藏經中的這一段，闡述的是一個契機、一個因緣，也不限宗教的。

　　用著生疏拗口的語調，在 2017 年元月農曆年的前夕，一大早虔唸三次大悲咒，分別真誠供養家中的神明臨水夫人陳靖姑、玄天上帝、福德正神，也在後續的兩年期間，陸續前往讀唸答謝曾經護祐過的廟宇神明。

　　對多數人而言這根本不算什麼，但是對個人而言，整整走了近四十年，即使在二十多年前，就用毛筆謄寫了大悲咒，但就是無法靜下心來學習唸讀。

　　1991 到 2001 年的十年期間，老婆兩次懷孕期間的意外，先祖母及先父交互產生健康上的問題，1993 年公司歇業，身揹房貸的自己又摔傷後背的軟肋骨，1994 年岳父過世，1995 年祖母過世，1999 年先父過世，2000 年換買新屋，接母親及子女北上同住，2001 年老婆娘家發生

第一次財務危機，這期間眞的是難爲了內人、母親和岳母了！

這是第一代移民都會經歷的兩地折騰嗎？

這就是所謂的共業嗎？

一段平順的日子過後，不由自主的會自我提醒，不能太鬆懈，小心又會有壞事將至！一連串的考驗，感受到自己的人生正要力爭上游，卻驚覺腳底下踩的，竟是支撐不了全身重量的爛泥巴。

假如提早三年結婚生子，在時間的序列拉開之下，整體的過程及感受是否就會不一樣？！

歷史不能重來，但是經驗是可以分享，外在的環境或著因果共業是奈何不了，不過卻可以從自己能掌握的地方先行著手。身爲現代社會的中產人士，秉持著求生本能、簡單的目標、不服輸的精神，夫妻齊力一步一腳印的掙出淤泥，這個平庸的歷程，就是所謂的俗緣吧！

也因此常跟年輕人陳述，有正當職業、適合的對象、雙方也離不開，就請考慮結婚吧。三十歲以前是適當的時期，拖太晚，週邊的時空變數都會增加，要生小孩就請計畫兩位，未來能有個血親，明知道大家不愛聽，有機會還是會說說。

已故王太太在 1992 年初表示，可以用自己的毛筆字來提供服務，慢慢撥開祖源的糾結，運勢不好的時候愈要堅持下去。

　　曾在瑤池金母座前下跪祈求，弟子瞭解己身罪業深重，但是請能高舉輕放分期償還，否則身心真的會承受不了的。

　　中壇元帥太子爺在一次起駕時，透過乩童轉告，沒看過像弟子這般，有這麼多的事情！

　　1988 年中經由陳老師介紹而結緣的兩位神明，一開始投入的動機，是想探討大妹妹的身心狀況，後來有文書謄寫的因緣，則是曾老師提供的機會。

　　歷經陳老師、王堂主、王太太、林堂主、曾老師、郭師姊以及已故紫薇斗數廖老師，在不同階段的慈悲協助，直到 2006 年潤七月，才算圓滿的化解祖源糾結，歷時近十八年。

　　實在搞不懂七口之家，怎麼會有這麼多的事情？！

　　像粽子一般，提起來才驚覺是一大串，前人種樹後人乘涼，但是前人造孽則是後人遭殃，深感共業、口業的可怕。

　　長期接觸下來，解決的說法、方式不盡相同，聽了不做心有疙瘩，但是要去執行，喔～～真的是做不完，甚

雪山隧道讓我重生

至會產生顧此失彼，又要回頭去彌補的窘境！

　　本就不輕易麻煩別人的個性，也在 2006 年告一段落的時候，翻揚起一股不好意思、也不想再去麻煩神佛和善知識的強烈心態；因為尚有養家活口的責任在身，深覺自己能夠回饋的極其有限，警覺到盡孝、盡責也要有個限度，否則愈欠愈多甚至誤入岐途，那就真的是沒完沒了，懇切期盼該化解、該答謝的，能夠到此告一個段落。

　　好長一段時間「心」真的好累好累，是深感被掏空的那種疲累，很怕再聽到祖源糾結、前世今生、因果論、素食論、八卦命理、地理風水等等的話題。

　　那一段期間，只要一看到就轉台、聽到就趕快閃開，避免突然心冒無名之火怒目惡口相向，然後又是自己在造口業又是我的錯，不看、不聽、不碰、不期待總可以吧，參拜頻率減少很多很多但不是斷，只希望很單純的舉香參敬，但求內心能夠平靜就好。

　　「祖源糾結」這個看不見的對手，一群我不認識的人，卻不定時的會聽到關心人士的提醒，只能無奈但是「當真」的來面對與處理。

　　迄今仍然認為，根本無需祖先的保佑，只希望他們能夠在神佛的引導下提升解脫，就到我這一世為止，不

允許再干擾我的子孫，這正是個人堅持迄今的原由，祖先干擾若是為真，個人是深感不公平的，甚至是一種殘忍！

不管如何很高興在多年之後，有機緣蒙受阿彌陀佛、佛祖釋迦牟尼佛以及藥師琉璃光如來的引導，可以開口唸咒讀經滋潤心靈，心緒重獲平靜和柔軟，這正是圓滿的淨化過程，逐日挪出一些心靈的空間，隔天的心緒才有自在迴旋的餘地，身處正反、真假資訊爆炸的網路時代，能有這些方法，感覺真的是好。

個人是以「資訊使用者」的經驗及立場，來看待下列的事項：

紫薇斗數，是針對個人特質在演算推論，時代背景是農業及帝制，時代背景是很重要的。現代人實際面對的，則包括內、外的大小環境，以及要如何去對策的實務問題，例如：如何看待與因應空亡期？

知命之後也要用對的方法來理命，否則就像預言，對事件的改善並沒有具體的幫助，甚至產生副作用，見樹不見林的歸納特性，是使用參考時，需要再去解析研判的。

「小人」一詞，是指在一個時空的互動當中，對自己不利的形容詞，但不是持續的專指單一對象，也不代

雪山隧道讓我重生

表自己就是對的；時空的進展及轉換，同一對象的小人可能變貴人，貴人可能反變成小人。

除非真的是「八字不合」，然而八字不合的長官或同事，其實也扮演催化自己更精進的動力，只是要找到因應的方式，不能一直隨之起舞，否則會生病的，所以有云「境隨心轉」。

「太歲」是「變」的意思，是中性的陳述，代表從出生之後三的倍數，三年、六年、九年、十二年就會有變化，事實上也應該要有改變，一成不變就很不妙了不是嗎！

有的面向變好例如成長茁壯、事業功名成就，有些可能就變差，例如身心健康、意外或官司。是概數的推算，並沒有嚴重程度或者範圍的指標，因為變數太多了。

六分之一的人需要安太歲，這是誇張的說法。個人的經驗「對沖年」才需要留意，若是「本命年」留意健康及意外即可，安太歲是以八字排算到出生的「月分」才是精準的，否則安太歲，是要把好的事情也壓下去嗎？

「桃花」是形容人緣，進一步就是姻緣，取名桃花代表會盛開也會凋落，建議適婚男女，要有「花開堪折

直須折，莫待無花空折枝」的認識與勇氣，當然也不必執著最盛開耀眼的，雙方投緣的那一朵，說不定才是能夠長久的共同生活。

　　個人不是認同閃婚，但是長期的戀愛即使是同居，對組成家庭並沒有等比的加分效果，只要超過任一方的時間高點時，反會成比例遞減的；主要是雙方心態的變化，另有一直在增加的年齡和在下降的體能，對孕育下一代並不是有利的，所以是「成家立業」而不是「立業成家」。

　　結婚之後，雙方就從此沒有桃花了嗎？

　　答案是否定的。

　　結婚儀式、戴婚戒、依宗教不同呈請上帝祝福、稟報神明祖先，照相紀念等等，這些過程，正是告訴當事人雙方暨親友，兩人後續仍有人緣桃花，但拒絕姻緣桃花。

　　即使戀愛再久，與決心共組家庭、養育子女的「期望值」仍是會有落差的。

　　這個自認理所當然的期望值，從提親、婚禮、度蜜月就會接續的發生，所以才有結婚恐懼症這個名詞，也才有媒人的角色需要，穩住心緒相信自己的決定，加上雙方互相給予的體諒與空間，一定可以順利的走完全

雪山隧道讓我重生

程。

正式結婚組成新家庭，誓言不論貧病共同扶持一生的男女，神父、牧師才會主持懇請上帝給予福證，因為這是不容易的，需要賜福給這對有決心的佳偶。

實務上建議現代社會的新婚夫妻，事先請能約定，度蜜月的旅遊期間，允許雙方因意見不同可以爭吵三次，但不能影響隔天的行程和性致。

建議婚後能夠建立共識，一旦自覺發生瓶頸或者出現傾心現象時，可以有一個體諒對方、共同面對、類似告解的溝通機制，每六~七年盛裝合照是有意義的。

重點是不要拖到發生性行為之後，所謂不花錢其實是最貴的，事情會變得更複雜，付出代價已不可免。一般而言與第三方作區隔、迴避六個月之後，就會逐步恢復常軌的心緒，這正是桃花的起、落特性。

夫妻能夠擁有客觀看待的機制，找到方法共同渡過之後，反而會再增進彼此的情感與信任，因為證明是會有桃花，但不代表不珍惜另一半和這個家，何況不夠優秀及優質也桃花不起來的！

地理風水的勘輿，其實也是一種科學的歸納，只是套上象形文字作為代碼的八卦、方位、時辰等等，變得很拗口而神秘。可以不懂細節請專業人士來協助，但是

需要瞭解基本的原則，在作取捨決定時才不會因過度期待而失當。

　　整體來說陽宅方正無嚴重沖煞，吉、平皆可，非凶或大凶就好，會因人、因產業而異，所以才有福地福人居這句話；藏風納氣指的是氣場，通風而和緩，長期而言當然有利於居住者；吉年動土、吉日祭祀，這是面逢人生重要的事情時，對時間、對星球間互動的講究。

　　個人觀察宮廟的乩童辦事，端看主神的領旨專長，轉告信眾的，也多是依循紫薇或八卦的推算與勘輿的原則；只是解決信眾困難的方法，都是外在的「術」，術的方法也會因各個主神的不同而相異，其成效、副作用難辨，也有期間性的限制。信眾實不應過度強求，強求輕則不如所願，中則傷己信心，重則反被戲弄甚至造成追悔退轉。

　　事發在花蓮縣的鄉間故事，一位事業有成的外地人士，到當地購地建屋完成夢想，慎重地找了地理師父看方位，房子是南北向才適合當事人；結果隔了幾年，遭遇強烈颱風登陸，花東縱谷正是南北向，暴風雨也順著山勢如飛箭般的強襲，造成房屋迎面的玻璃大窗及門戶嚴重的損壞，整修之後幾年又再遭遇，慘況依舊，這正是見樹不見林的典例。

雪山隧道讓我重生

藥師經中救脫菩薩說明的一段是值得參考：

又信世間邪魔外道，妖孽之師，妄說禍福，便生恐動，心不自正，卜問覓禍，殺種種眾生，解奏神明，呼諸魍魎，請乞福祐，欲冀延年，終不能得。

《靈界的譯者》出版之後，才發現就在重疊的年代、相距不遠的地方，也有人士困擾於民俗信仰的鬼、神，而我是糾心於祖先冤結，以及迄今仍然自認沒病、不願就醫、大家都對不起她、自我封閉與放棄的妹妹，值得安慰的是她未婚，三十五年來沒有傷害過任何人。

另一個巧合是，作者索菲亞也是在西元 2006 丙戌年轉換信仰，當年是閏七月，傳說是因果冤結總清算的一個年分，看來她是圓滿結清了。

信仰的意義，是讓你在自己的人生道路上，感覺好過一些也少走一些崎路，不應該是「連環套」，就一輩子、這一世的「解決方案」來探討的話，個人是認同索非亞的選擇，八字重量在三兩以下的人士也是可以參酌的。

造物者一神論的宗教包括泛基督教，都有擺脫鬼神的見證，不過也提醒在轉換之時，對原有的信仰，請能辭行以及圓滿的處理，例如金身或牌位，反向亦同，索非亞力勸讀者不要燒金紙，個人則是建議，不要亂許願

請量力而爲，不管時間或供養，寧可作的比許願來得多，許大願卻做不到，一輩子許不夠許到未來世，請問，連明天都看不到的人類，憑什麼替自己的下一世許承諾？！

尤其是產生了後遺症，請問誰能化解？誰能負責呢？！即使一些習以爲常的祈禱詞，也請能觀照一下。

唸讀適合自己的經、咒來供養迴向、平穩心緒才是合宜的，遭遇實務上的困難挑戰時，如同聖嚴法師所說的，面對、接受、處理、放下，能夠忙而不亂、累而不疲，忙得快樂、累得歡喜，有這樣的心緒就是對了。

書中提到讓她感覺世界都變暗的李保延大哥，個人認爲有兩個角度是值得探討的，一則、民俗信仰的神本就是分工的，神力有上限，發揮有期限。二則、書中提及，神力因生前是中醫師而更加的有效力。個人再加第三項，區域也是有限制的。

達賴喇嘛曾說過，「原始光明」透過人己身的學習與修持，是能夠持續的成長精進，而當人體死亡之後，轉變成爲「死亡光明」那就無法再進步了。

這佐證了不管身處何種信仰，小至個體大到群體社會，生存所需要的專業技能、生活的習慣、處世的價值觀，都是有賴人類自己去投入學習、思考、調整與建構

雪山隧道讓我重生

的，至於無我、無相的境界，則是超越身心靈的終極淨化，是以「累世」在體悟追求的。

（二）摔破谷底正是轉折向上的開始

　　2010 年中，我的身心已經像潑水般的快速惡化，持續失眠也會憤世嫉俗，一年後甚至出現看到「不合理」的人事物，忍不住就會有強烈的反應，一副正義使者的心態，這已接近反社會的心理吧！

　　急性子、不耐久煩所以處理速度快，不適應日復一日的重複性業務，加上己身的能力，是可以幫助一些公司解決問題的，平均三五年轉換一個舞台，所以歷經七種產業，這個過程，負面思考是七下八上滾石不生苔，而正面思考也是，七下八上滾石不生苔，不過這會加速耗損個人的身心是事實。

　　「建立流程、改善組織」很堂皇好聽，其實找問題、抓毛病是職責之一，久而久之見人見事，容易先看到缺點和風險，忽略了優點和機會。

　　每天看著、想著，神經系統負面的傳輸線，寬廣的

像條高速公路，也影響了自己的身心而不自知。這正是負面思維的溫床，因爲神經系統是有記憶，整合之後會輸出、會漫延的。

假如你都沒有給神經系統正面的陽光訊息，她的資料庫是缺乏的，正面陽光的傳輸線是萎縮的，如同雜草叢生的羊腸小徑，所以從上了年紀的人士身上，可以很明顯的辨別，他們往昔從事的行業及角色。

回顧自己出現狀況時，有自覺，但卻不知道嚴重的程度，類似溫水煮青蛙，一步步的進入「自以爲是」的下降漩渦當中。

個性很重感情，每一階段都是眞誠的全心投入，離開之後，常常跳脫不出來，在深陷痛苦及失眠之下，以退群，甚至抹黑自己的方式來斷念，看似很愚蠢，但是在那個當下，眞的是找不到其他的方法！

2019 年中，韓星宋慧喬與宋仲基的離婚事件，媒體報導了香港影帝周潤發對「入戲及出戲」的看法，不愧是影帝，讓我感受到演藝行業對身心的職業風險，可惜的是，並沒有敘述，可以使用什麼方法來調適過渡，個人的核心問題，就是入戲太深。

長期超壓，身體會有反應的，例如：腹瀉、便祕、飢餓焦慮感、沒有飢餓感，失眠、久睡不想起床、控制

雪山隧道讓我重生

不住的發言、沉默不想表達、身心強烈感覺被掏空，沉重的負面思維、什麼投資都想嘗試，衝動購物尤其是在夜間，血壓突然變高、異於往常的性需求等等，調適之後症狀會減輕，但是卻好不了的反反覆覆。

倘若又掉入自大、自卑，不平或者後悔的糾結深淵時，就需要經歷一段時間才跳脫得出來，曠日廢時後遺症也很多，一來一回，是會有感的影響到日常生活、人際關係和工作的，推論「顛倒夢想」就是在形容這種時期的身心狀況。

服務過蘋果（Apple）、微軟（Microsoft）和谷歌（Google）的華人李開復先生，在 2013 年五十二歲時被診斷出癌症。

2016 年受訪時表示，以前和家人吃飯，腦子還是不停的在思考事情，現在知道，生活必須懂得放鬆和兼顧。順口提到，微軟比爾蓋茲（William Henry Gates lll）的轉變讓他感到欣慰，往昔的他，是不僅自己公司要活，還要對手死。

我看完專訪節目後思索著，身處在創新也絕對狼性的產業中，若不是重病纏身，他會轉彎的看待事物？會放得下嗎？

一個人的價值，正是當他風起帆揚之時，只要身心

能夠承受，能撐多大就多大，能走多遠就多遠，這正是孤舟泛遊於汪洋，接受全面性的挑戰，正是力爭上游的在寫自己歷史的時刻。

身心素質這麼頂尖的人士，在事業的巔峰繁忙時期，負荷著超越常人的工作量，有誰會想到該建議他去看診？讓自己的身體能知道累該休息一下，當事人聽得下去嗎？……難，真的太難了！

好來塢的警匪片，常有長官把槍一收，叫男主角去休假三個月，有的劇情，還要專業心理醫師問診和批准之後才能復職。

當時認為這只是在演戲，直到今日才瞭解，三個月不是隨便演的，其實就是一個療程的時間。

當然不是天天泡海水、做愛做的事而已，倘若觀念、方法洽當，會有意想不到的效果，如同密集的專業或軍事訓練，也是三到六個月。

反之，三到六個月也可能變得懶散、憂鬱，甚至酗酒或磕藥，端看當事人的價值觀和人生目標是什麼？

心中有沒有一條堅守的原則準繩，是很重要的，蘋果執行長提摩西‧唐納德‧庫克（Timothy Donald Cook）提到祖父的告誡，智商是天賦，而道德是堅持。應該就是指這些吧！

雪山隧道讓我重生

2021 年 3 月媒體報導，一代球后曾雅妮小姐，花了十年時間走了出來，很替她高興，也期盼她能一秉堅毅，投入「家」的這個領域，走出更翠綠的人生。

　　個人現在已經可以從媒體報導，感受到一些人士的身心狀態，只能期望當事人，能儘快的去看適合的醫生，堅韌的再走出來，重新步入生活的常軌。

　　有些人士，不管處在何種環境，都沒有這類嚴重的身心問題，或是很快地就能轉移，所以必須承認，真的是人人各有不同。

　　電子業矽品公司前負責人林文伯，2015 年九月，遭遇同業日月光惡意併購，受訪時表示，第一時間是先回家睡覺，睡飽了才有辦法好好思考。

　　哈哈，這是對的，是有功力、有境界的，換成是我，應該會三天三夜睡不著覺吧，真的是高下立判。

　　這正是老天爺放了一份「選擇題」在桌前，祂會暗示會引導，但是你必須自己去填寫、去作選擇。

　　「歷史不能重來」這句話也是值得推敲的。

　　攤開背景時空、周遭人事以及自己身心的情況，就算再多想十次百次，其實還是會做「相同決定的」。

　　「後悔」只要想三五次就好，再多，真的是沒有必要的，停留在隧道中，後悔不該出門不該進入，有意

69

義？有幫助嗎？

只有想著要如何走出隧道，才是唯一的自救方法，強韌的生存者都有這個人格特質，頂尖科學家還會說，他是在享受失敗。是的，一份能登上知名期刊的報告，要經歷多少次的失敗，台下十年功台上十分鐘，現在的挫折，正是在累積未來的成功，關鍵是：

簡單的目標在哪裡？

正在進行的方向及方法是否恰當？

倘若幸逢大時代，可以承受三落三起那就是天才了，例如鄧小平。

大家都喜歡當的天才，就很幸運嗎？！

例如音感好、美感好、記性數字觀念好，其實伴隨的副作用，可能就是對走音、對不合意的構圖或色彩、對記性不好的人，好像是眼中砂一樣的反感沒有耐心。

對自己優越的強項，反而因為敏銳而容易生氣，這正是天才需要去調適包容的地方，也要承受眾人皆醉我獨醒的孤獨。

自身專長以外的其他能力，又可能極為平庸甚至無知，讓旁人只能搖頭的提供協助。時空、角色、堅持和妥協，仍然是一位天才要面對的，他們的黑夜並沒有比你我的短。

上述的特質，全部都在佛家所說的「五蘊」範圍內，人類是要靠五蘊求生存、過生活和繁衍的。

　　已故作家李敖曾在受訪時，難得和緩的提出對「女權運動」的看法，大意是，搞到變成是男、女雙方的對立，絕對不是一個好現象。

　　個人以此援喻，假如把「五蘊」與「空性」理解成是站在對立面的話，那也是在找自己的大麻煩！

　　即使尊貴如釋迦牟尼佛，也是離家後力行多種苦行，搞到奄奄一息，被牧羊女一杯羊奶餵食後，幸運的活了過來，在失而復得之後才大徹大悟。

　　是的，沒有往昔的執著肩負，就不會有後面的放下體悟，人生是要從過程，循序看到終點，而不是完全從終點的角度來論斷，然後雙手一攤說，生命本是一場空，這樣的論述是非常不負責任的。

　　生命本來就是各有特色，有生有死不必懸念，旅程當中，有沒有像螞蟻、蜜蜂一般的努力堅持過、盡責的承擔過？！

　　人是為「價值」而活，並不是為了「死」才活的，當時空已過人事已非之時，能夠坦然輕輕的放下就好。

　　就人腦、神經系統和肢體的相互運作而言，人的一生是沒有「退休」這兩個字，只有「角色轉換」，請別忽

略，病人也是一種角色。

不斷找事做、去做對的事情，走錯了能夠轉身調整，這樣的企業家、政治家和知名人士，都是值得砥礪自己，他們奮鬥的過程，正是人世間精彩難得的修與行之旅。

地藏經閻羅王眾讚嘆品第八中段：

爾時，閻羅天子胡跪合掌白佛言：世尊！我等今者與諸鬼王，承佛威神及地藏菩薩摩訶薩力，方得詣此忉利大會，亦是我等獲善利故。我今有小疑事敢問世尊，唯願世尊慈悲宣說。

佛告閻羅天子：恣汝所問，吾為汝說。是時，閻羅天子瞻禮世尊，及迴視地藏菩薩，而白佛言：世尊！我觀地藏菩薩在六道中，百千方便而度罪苦眾生，不辭疲倦，是大菩薩有如是不可思議神通之事。然諸眾生獲脫罪報，未久之間又墮惡道。

世尊！是地藏菩薩既有如是不可思議神力，云何眾生而不依止善道，永取解脫？唯願世尊為我解說。……

恆古以來堅守崗位的閻羅天子及諸鬼王等了多久，才有這場佛祖為母說法的忉利天宮大會，而且是「承佛威神及地藏菩薩摩訶薩力，方得詣此忉利大會，亦是我

雪山隧道讓我重生

等獲善利故。」才能夠到達現場，提出心中久存的疑問。

分身集會品第二後段：

爾時，諸世界分身地藏菩薩共復一形，涕淚哀戀，白其佛言：我從久遠劫來蒙佛接引，使獲不可思議神力，具大智慧。我所分身，遍滿百千萬億恆河沙世界，每一世界化百千萬億身，每一身度百千萬億人，令歸敬三寶，永離生死，至涅槃樂。但於佛法中所為善事，一毛一渧，一沙一塵，或毫髮許，我漸度脫使獲大利。唯願世尊不以後世惡業眾生為慮！如是三白佛言：唯願世尊不以後世惡業眾生為慮！……。

地藏王菩薩是哭著抵達會場的，這是什麼樣的眼淚？

久遠劫來千萬劫中持願而行，直到忉利天會時，才出現看得到也聽得懂的佛祖可以相告相談，是深受鼓勵大悲大慈的眼淚吧！

觀想此等堅守誓願與職責、努力不懈的景象，身處娑婆世界的你我，怎麼能夠輕言放棄自己！

73

《藥師經》中的一段：

阿難！此是諸佛甚深所行，難可信解，汝今能受，當知皆是如來威力。

阿難！一切聲聞、獨覺、及未登地諸菩薩等，皆悉不能如實信解，惟除一生所繫菩薩。阿難！人身難得；於三寶中，信敬尊重，亦難可得；……。

「人界」相對於各類物種、各個空間的有情，是擁有較佳的成長條件，推論才有五百年修得人身，自殺是有罪的說法。

七、工作是身心療程的一部分

　　人生的旅程中其實沒有「完全準備好了」這檔事，只有想得到做得到的，都想了都做了，然後就是挺身面對見招拆招，考試如此、工作任務亦如此。

　　同意每個月可以返台門診的需求下，2012 年 5 月參與的公司，是我待過規模最小的微型企業，但也增長了視野，是一家跨三境的公司，產品毛利率很高。

　　行前內心是不踏實的，擔心當下的身心狀態能否挺得住？！有些時空，人是沒得選擇的，有了機會也為了一份收入，即使顧慮仍得縱身一試，這樣的轉換情景貫穿個人的從業生涯。

　　如同在雪隧中只有一個簡單的想法「一定要開出去」，「停留在原地，看著過去」真的是會找自己的大麻煩，高中時期所犯的嚴重錯誤，讓我毫不猶豫的呼喚自己，要往前看、向前躍！

　　接任之後回診時，醫師告知，這個時期身體對環境及作息的改變是非常敏感的。

　　個人確實是點滴在心頭，也讓我想起姚明在 2016 年進入 NBA 的名人堂，距離 2002 年獲選 NBA 新秀狀元 14

年。

　　曾經參與雅典奧運的國家隊比賽，成績卻不理想，姚明在受訪中表示，與釜山亞運會相比，我們隊僅僅是換了一張皮，心卻沒有換。籃球是分工的，高人也得綠葉配，各司其職各展其才、分進合擊才會有佳績。

　　當各個症狀都有進展的同時，就跟籃球隊的五位上場成員一樣，經歷一場大賽，有的進步比較多，有些仍待改善，有的成員則面臨積習、受傷和老化的問題，程度和穩定度是參差不齊的。

　　不會等到綠葉都成熟了才拉出去比賽的，因為不可能坐著等，成功就會掉下來，整體的最佳狀態就是這樣，時間一到就上場去，邊比賽、邊學習、邊挫折、邊檢討，直到全員程度各跨上了一階，全隊的檔次就非吳下阿蒙了，這也是符合優化人體身心的法則。

　　姚明自己每次的傷後復出，真的是全部康復了嗎？一個有裂痕的水晶杯塗上黏劑後，不會再滲水可以使用，這樣就算是痊癒了嗎？

　　相信那一道裂痕，只會停留在他自己的心中，用紙輕輕地包覆著，隨著出場後的成績表現，慢慢來彌平或者加重那一道痕跡。

　　是在低檔、是有疑慮、是參差不齊的。但是，沒有

適當的工作環境來測試，如何能夠知道目前狀況是所在何處呢？又如何能看到問題，再去補強或避開呢？

是不容易，但是人的一生，不就是一堆不容易的組合嗎？人類的科技文明與文化價值，不也是在起起伏伏的狀態當中發展出來的嗎？！

有人會形容這是理性與感性、福報和業力或者上帝和魔鬼的拉扯，都可以、都對，但就是要往前再邁一步走出去！

重點只有一個，鼓起內外所有的勇氣，類似「出埃及記」一般的心境，突破最大靜磨擦力，就是要讓自己勇敢的跨出第一步，因為頭過身就過，這是重新再出發之時，身心會遭遇到的掙扎拉扯狀態。

帶著正信正念，用自己的腳先走到那裡，差別的是，有人提得輕走得快，有人行李多走得慢。在不知不覺中神、佛或者上帝，真的會在生死關頭幫你一把，即使碰到寬闊的紅海，都可以起風開路。

休養盡可能不要超過六個月，拖太久，最大靜磨擦力會愈強，啟動愈是不容易，別忘了，神經系統鬆了、懶了，也是會記憶的。一蹶不振，應該就是這個道理吧，仍處於浮動下的理性意志要去撐大，要像孔雀開屏般的去掙脫這股膠黏的力量。

不再像往昔那樣的硬撐硬熬，盡量放輕思考的力道，有機會就閉目養神，抓緊午休、減少應酬，就這樣左扶右絆的走了下去。

　　因應開會，午間的服藥就減少一次，出差東南亞的時差是一個小時，同時遭遇飲食環境的改變，身心明顯出現疲累與抗拒情況。

　　工作特性和任務的需求，雖然維持服藥，碰到業務挑戰時還是會輾轉難眠，經過一年明知道有後遺症，還是喝了小酒，結果也在事情不順、內心糾結之時再發生，例如酒後多話、站在白板前說明時，無預警的暈眩，甚至又產生隔天忘記斷片的情況。

　　再一次證明，借酒消愁真的會愁更愁，如同戒菸之後，絕不能再拿起那第一根，否則神經系統的記憶真的會絕地大反攻的。

　　持戒斷慾為何會強調不能破戒，應該與神經系統的記憶反撲有關聯，擔心當事人承受不住反作用力而退轉。

　　唉~幸運的是情緒的控制點一直都在，可以適時的深呼吸、停頓和自我轉移，人非聖賢孰能無過，不要再跟自己過不去了。

　　端看處在什麼時空，扮演什麼角色？

時空的判斷和角色的自知，才是最困難的部分，因為牽動到行為、情緒的收放，即使已有認知，卻不見得作得到位。

慢慢改，分段調整，先以五十分為目標，二十題答對十題，把錯的十題搞懂之後也是一百分的。不要再重蹈覆轍的把公事、情緒帶回家才是真的，另一角度看個人，哄著急性子、執著的自己也是很有趣的。

「不二過」這句話，只會加速自我放棄而已，比較恰當的形容應該是，悟性好即聽即懂，能夠立馬進行自我調整，改變多少是一回事，有行動才是重要的！

黑久了想要漂白、白久了想沾一下黑，靜極思動、動極思靜，這些現象，都是人性，也是個人的選擇，小過不斷大錯不犯，也許就是絕大多數人的一生吧！

運用這個軀體去行善或者作惡，人間有憲警、法官和監獄，神、佛有護法、閻羅、地獄，上帝則有聖靈和最後的審判在把關著。

《地藏經》中，閻羅王眾讚嘆品第八：

佛告閻羅天子：南閻浮提眾生，其性剛強，難調難伏；是大菩薩於百千劫，頭頭救拔如是眾生，早令解脫。是罪報人乃至墮大惡趣，菩薩以方便力，拔出根本業緣，而遣悟宿世之事，自是閻浮眾生結惡習重，旋出

79

旋入，勞斯菩薩久經劫數而作度脫。

囑累人天品第十三：

地藏！是南閻浮提眾生，志性無定，習惡者多，縱發善心，須臾即退，若遇惡緣，念念增長；以是之故，吾分是形，百千億化度，隨其根性而度脫之。

身處娑婆世界的個人自省，還好沒有上述閻浮提眾生那般的深著惡習惡念，不過自我的調焦導正，很類似周歲前的幼童在學習走路，先會走才會跳，確實是需要「屢敗屢戰」、「可以扶手放慢但沒有放棄」的觀念和決心。

往昔所認知的報表管理、人員素質等等，在這家公司都談不上，但是看到了「努力」，不管用什麼工具、方法就是想辦法「使命必達」，所以經營者是公司的靈魂，準確的掌握市場，產品規劃、外發加工，具體落實業務及生產的獎勵制度，這讓我很是佩服。

大陸廠是租賃的鄉間小廠房，準確的說是一條包裝線，產品的特性都可以外包，幾位骨幹的文職員工，靠著一套簡單標配的軟體系統在運作，車間（生產線）的主要幹部，都是用手寫表單不會電腦打字，普工（作業

員）絕多數只會寫自己的名字，大夥可以穿著拖鞋上工。

上述的現象，與距離二十公里外的精華區，豪奢的百貨廣場、五星飯店、林立的住宅小區，有著很顯著的對比。

既然秀才遇到了兵，那就利用遷移到新廠房之後，因應人員的流失添補新人，隨即親自主持「早點名」藉以建立制度。

經歷了近 5 個月，車間的老幹部終於穿起了全新的運動鞋，也懂得購買品牌的新衣打扮，除了新舊同仁間的比較之外，老闆同意個人為他們大幅加薪的申請，是最重要的催化劑。

個人也要求聯繫招募的女文員，凡是受邀到公司面談，但未被錄取的文職以及技術應聘者，一律要打電話去告知，讓當事人知道，還寫了文字稿給她參考，只有一個原因「請尊重人」，讓未錄取者，能夠勇敢自信的再往下走，在台灣招募的，沒有編制人力就自己去電告知及感謝。

後續曾發生訂單期間性不足，公司要終止車間普工合約，自費買了些小禮物分送後，向大家鞠躬致歉，此時出現一個聲音，請放心~我們會再去找工作的。

上述總總，不管公司規模大小、上不上軌道，都是可以去執行的。

　　在聽取經營者的說明，瞭解他迫切的需要之後，建立了以「收支原則」為主幹，但是加入一些「借貸法則」的財報資產要項，一份專業人士看了，也許會認為是四不像的內部決策報表。

　　內部的「決策報表」跟報稅或公告的報表，功能上是不同的，各大集團企業都有一份內部檢討的報表。

　　好用！核心幹部都看得懂，上下、平行的研討及對策有了平台。而且數據極其保守，絕不會產生有營餘的黑字，卻出現週轉不靈的危機，報表就像人一樣，需要適才適所才行。

　　不過在基礎資訊的蒐集、彙整上，可就把我累壞了，如同在沙漠中，要先畫定區域之後開始植木，而且有時效性，這時候人員素質的重要性就展現出來了，對外招聘也就勢在必行，與此同時包括架空老幹部、偏袒某些同仁的說法也應運而起。

　　除了從介紹所招聘文職及技術人員，也在路邊、廣場旁，親自擺攤招募車間普工，在接觸當地以及跨省求職的人士之餘，發現新世代已擁有不同的生活體驗及想法，三四十年的改革開放，確實在各個面向產生了改

變，也見識到人力仲介產業的蓬勃。

有些沉痾仍然存在，例如不容易看到的細節就是會有問題以及無預警關門積欠工資；也有新的社會現象，例如無底限的模仿、無視品質的降低成本以及極大的貧富差距。

這段期間也抽空學習了簡體中文的手機輸入法，利用假日走遍當地的旅遊景點以及精華區，此時的景象與 1990 年夫妻抵達時已經截然不同，煥然一新現代化了，拍了照片與內人分享當地終於富足的喜悅，也第一次聽到在地同仁，聊起雙十一的網路優惠購物。

駐點泰國曼谷期間，瞭解了當地的風俗民情和歷史，加上內人長期出差往返越南的經驗，發現東南亞相關的條件已更趨完善，往後會有很大的潛力，當時台灣的媒體以及教育系統，仍未提供友善的環境，有機會仍鼓勵台灣的年輕朋友，可以考慮擇其一的涉略東南亞的語言。

（一）觸景回顧從業的生涯

　　看到上述社會人文的景象，讓我回想起在窯爐業，首次登陸北方大都會，目睹百廢待新的場景，所以個人是把 2008 年北京奧運之前的大陸稱為舊中國，奧運之後稱為新中國。

　　1994 年秋赴陸後，第一次在初冬清晨，看到大地一夜之間披上了白雪，第一次感受到春暖花開的喜悅，四季分明的大陸型氣候，會促使你改變以及思考。

　　公司好不容易才聘任到一位近六十歲的上海人，是民國時代知名大學肄業的專業人士，而再往下，只能聘任到二十出頭的文員了，中間有一個世代，只能適任廠區內外的土建粗活。

　　建廠工程中水道、水管的架設，公司都可以負擔處理，但是壩子水源的使用，則要再去洽談；建設好的衛生間，發現必須宣傳教育、搭配罰則來要求正確的使用。

　　匯公務款到上海依例進行確認，到第九天才到位，嚇了一大跳，原來是跨省市每一站都要核批。

　　驚訝的聽到在地同仁，很不喜歡薪資匯入銀行帳戶，希望領現金，後來才知道他們擔心領不出來。

司機在當地稱師傅，因爲配合領導跟進跟出，所聽所聞機會多是重要的人物，這與台灣的現況不同；延聘的師傅跟我抱怨，薪水是多了，可是台灣老闆沒有那種視爲心腹兄弟的感覺。

大家熟悉之後，一位在地幹部，某日很誠懇的向我說，請不要用「運動」這個詞，因爲 XX 運動在往昔是代表會死人的，是眞的死人，所以心理壓力非常大。我回說，喔！謝謝你，受教了，你知道沒這個意思的，我會立即修正。

後來才理解十年的文化大革命，是他們揮之不去的記憶，同文同種卻因爲生活體驗的不同，字詞的使用以及感受的重量，是完全不一樣的！

跟幹活的土建工人聊了一下，才知道三個月未領薪水，僅供吃住。

這讓我非常的氣憤，因爲公司每期的應付工程款，都是我經手向上申請，也準時核可支付了！

入冬時，剛鋪水泥的廣場，蓋上了稻草，避免深夜氣溫逼近冰點，影響水與水泥的凝固造成韌性不夠的脆化，這讓亞熱帶生長的我開了眼界。

知道合資的老廠區，一位工程師可能是犯上了吧，下放去當清潔工掃地，我還特地去瞭解一下，也造成漣

漪。

　　後來才知道，當地一個廠區就是一個黨部，廠長就是該廠的黨主管，這是我第一次跟一位同齡的共產黨幹部過招，最後雙方是各留餘地的平手收場。

　　管理、管理，也可以不管不理的！

　　會有這樣的念頭及行動，要追溯到 1986 年 6 月畢業後隨即進入的家電產業，一家業務龐大分工明確，講究團隊協調運作，調教的觀念是看得起你才指責你，員工的培訓及升遷是以顧用 25 年為目標。

　　深信企業沒有獲利和擴張是一種罪惡，遠優於當時法令的完整退休制度，一兩年就會有優惠的申退公告，與協力廠商是建立在不斷要求但共同成長的關係，使用的是 IBM 整套的軟硬體管理系統。

　　三年半後，因為當時台灣的股市已經爆漲到一萬兩千點，房地產也漲了三四倍，顧及結婚後的種種需求，與內人商討，她繼續在原公司服務，薪資少不過穩定，而我就往外發展增加收入，實在無法在公司排隊了～～忍痛提出了辭呈，事後公司依內部規定支付離職金，這是台灣當時法令沒有規範的。

　　這樣的企業文化，影響了我後續的整個從業生涯，迄今仍是滿懷感恩。離開時也抱持著理念，深信透過

「制度化、電腦化的管理」公司的體質才能獲得全面性的提升。

上述總總實況在在的證明，不是所有的「職務」都需要天才的。

絕大多數行業和職務，需要的是平凡、平庸之人，所以老天爺才會把平凡的人數佔了百分之八十五以上，因為這百分之八十五的人們，才是行銷、生產、品質改善、功能提升，包括堅守崗位、落實公司管理的執行力量。

能吃苦、肯學習、耐得住壓力的務實前進，一回生二回熟，三回就駕輕就熟，需要的是一份責任感、一顆堅韌的心，扮演好平凡的角色、做好分內的工作，你的人生一樣會很愉快、燦爛，也很有成就感的。

賈柏斯（Steven Jobs Theater）非科班出生，接觸產業後，秉持著要如何才能對人類有所幫助，深受人類是因為懂得「使用工具」才偉大的啟示，同時加入抽象的人文和藝術的元素，洞燭機先的看到產品未來的走向。

顯見「理念」和「在職學習」是非常重要的，難得的是他非常瞭解從「點子」發展到「產品」所需要的艱辛以及碰撞的過程。

實務作業的部分，他又比平庸之人更具有耐力的去

87

落實執行。那是需要傻勁的，包括設定製程、檢驗標準，挑戰標準成本法、落實公司內部實際成本和控管等等。

　　這是一個極為龐大的實務工作，這些作業從思索、詢問、討論再形成書面的作業，重複的執行、記錄、調整等等，唯有經歷過的人，才能體會需要耗費多少的精力和時間。

　　當然他也有缺陷，譬如在研發上花錢如流水，以為每個人都跟他一樣幾近自戀的自信，所以責備起來毫不留情面，讓同事很受傷，最後是他的身體器官，無法長期支撐那麼龐大的身心需求，所以在 2011 年罷工了得年 57 歲。

　　1990 年初轉入新興的電子行業，以公開發行後上市為目標，因為產品類別及週期不同，公司的結構、文化自然會有差異，面對資訊流的運作、財務角色的扮演和部門人事的變化，尤其是股東間的對抗，讓初入叢林，自以為獵犬的小白兔，左右碰壁糾結不已，當時的身心受到很大的衝擊。

　　當公司三年多後因股東分裂而歇業，深覺營業收入才是企業的根本，沒有營收其餘免談。這是在分工明確、制度完整的企業體系內，單從財會管理的作業中不

容易體會到的。

1998 年中在光纖及媒體產業時，當時的台灣尚無法令規範，在參與的會議中，了解到經營者還要投身與政府體系周旋，促成對民營企業有利的立法，新聞內容的報導也有策略及先後的安排，首次見識到收視率、主攻話題的檢討。

光纖「雙向」規格的決策，預算雖然高出很多，卻避開後來規格改變的致命性衝擊。

支付方式獲得銀行的支持，可以採用信用卡之後的隔年，電視購物頻道的年營收急拉到百億台幣，傳播媒介的優化，加上支付工具的改善，展現了前所未有的威力。參與之後，也體會到作生意的思維與運作，並不是我這個小小腦袋和管理性格可以勝任的。

倒是跟銀行接洽貸款的能力成長很多，如何把社會上全新的東西，舉例、用可接受的形容詞來說明，提出具體計畫，讓銀行經理及幹部瞭解，以期能夠有好的報告去申請借款額度。

這是個人的專業挑戰，這個實務能力以及認識的金融人士，加上大陸工廠的管理經驗，讓我在數位相機的產業發揮到了極緻。

曾經為了提前每個月的付薪日以及年終獎金能提前

幾天發放，跟財會老主管僵持了許久。

　　後來才體會到他們的難言之隱，台資企業會考慮資金的運作，避開月初甚至分次，陸廠甚至要顧及現金存放太多時的安全問題，所以連支薪日期都不能固定，老廠區甚至漆落斑駁，跟廠長閒聊時才談到，這樣可以降低「被找麻煩」的機率。

　　至於年終獎金的發放，除了金流考慮以外，在資深員工眾多的廠域，擔心的是同仁之間，因公平性的問題產生爭議，休假前一天發放，隔天休假走人，主管多一事不如少一事，老闆也落得清心，這在沒有薪資秘密的大陸廠尤為明顯。

　　當目標是公開發行及上市櫃時，經營者及老幹部也必須適度妥協，管理上就是要調整，當然落實的程度與精神的內涵，則仍有很大的進步空間。

　　見識到研發全新產品的「沉沒成本」是怎麼一回事！

　　你會感受到再多再快的融資借款，都來不及應付公司花費，曾經揚言要借到讓你們這些人花不完，我做到了，公司安然度過兩次的危機。

　　關鍵的因素當然不是錢夠燒，而是公司在還沒倒下之前，產品的規格終於追上了當時的市場需求，售價也

降低到消費者可以接受的甜蜜點。

　　這是學問、是整體努力也需要一點運氣，因為不僅僅是公司自己而已，更需要關鍵零組件的功能突破和價格的成熟，加上市場的啟動點到了，否則只能耗盡收攤！

　　科技產品的上市，不會有一款的功能是完美的，沒有最好只有更好，除了受限核心組件的技術，在操作、外觀、顏色以及包裝行銷，都是市場策略的一部分，問題是，倘若趕不上市場的時程，那之前所有的投入就可能化為烏有。

　　研發人員的角度，總是會保守的希望作到最好之後再上市，關鍵是什麼才是「最好」？好的定義是什麼？這是全新產品問世之前，公司必須面臨的抉擇！

　　整合光學、機構、電子三種技術成為一個商品，數位相機是電子消費產品的第一款，除了擺脫傳統感光的材料原理，能將光線轉換成 0 與 1 的數位感應元件，衍伸出介於軟體、硬體之間的韌體（firmware）科技。個人將這個「韌體」比喻為類似人體的神經系統。

　　最末端的關鍵技術，竟然是幫忙穿上衣服的傳統機構設計，再高深的電子功能，沒有穿搭合宜的衣服是賣不出去的。

一手掌握的數位相機內含一百多種零組件，間隙工差極小，精密度僅次於當時的機械手錶，物體縮小後的相關材料力學、開模技術專業，終於重獲重視，後續更延伸發展到手機、電子錶，這也讓電子消費產品，正式跨入智慧化、精品化的領域。

這是人類智慧的結晶，台灣的企業紮實的參予其中，其實未能商品化的失敗產品，如同紅花旁的綠葉，已經成功上市的產品，推出六款能夠成功二~三款，已經是非常的不得了了，類似棒球的打擊率，三成以上就是強棒了。

標準化全面競爭產品的售價，無法像訂製或者寡占的產業，可以內含折舊、攤提費用及利潤後再報價，而是先守住現金成本，設定市場可以接受的價格，再推算銷售多少的數量才能回收，所以「限期上市」和「衝銷售量」是這類企業必須面臨的全面性壓力。

這個不同產業之間的核心差異，促成了整個企業文化的極大不同，從業人士的職場價值觀也會不一樣，包括研發、銷售、生產管理的從業人員。

自己從財會臨危受命擔任資材採購的職務之後，才深深感受到，不能動不動就批評暴利、沒良心！

新產品研發的沉沒成本，以及產品行銷的風險，是

雪山隧道讓我重生

不容易被消費者所理解的，這牽涉到產品功能、品質以及品牌定位的多重因素。

不是「貴」或「便宜」的問題，而是產品的售價、功能與品質，會自然分佈在高、中、低的價位當中，藉以滿足不同客層的需求，恰當與否？就交由市場的供、需來決定。

零組件的購入成本，沒有最低只有更低。當然不是只靠量大來壓價，這是必要但卻是有限的，是相對的比較。材料廠商在材質選擇與技術上的突破才是可觀的，例如：玻璃鏡片改用部分塑膠片替代，感光元件改為塑料材質，同時也必須一路緊跟終端商品，在功能上的提升、成本的下調還有輕薄化的尺寸縮小，這是投入消費性電子產品的三合一要求。

唯有供應鏈全面的協力投入，才能使最終產品觸及市場價格以及功能要求的甜蜜點，進而引爆全面需求！

如何貼近與大咖競爭者的成本差距，一直是挑戰著採購以及生產的專業。

請不要批評斤斤計較是錯誤的心態，在商品成本的分析，有的產業是分析到小數點第三位，是分毫必較。倒是在日常生活中，倘若也比照辦理的話，以我的個性是會活不下去的。

除了關鍵零組件以外，料件貨款的支付期限，有原則但是不一定，端看企業本身財務狀況以及供需的強弱勢。

就因為看到當時的電子組裝產業，在付款時程上，進行所謂破壞性的拖延風氣，如何跟較大的對手競爭呢？……反向操作！

只要是我經手能夠主導的，都會想辦法去契合雙方約定的付款條件，例如採購同仁手上的廠商貨款，未能適時合理提出申請時，必須給我一個原因說明。

這在缺料催趕時，這隻「貨款申請及支付」看不見的手，是可以起到關鍵的影響力，而不只是單靠採購人員的叫罵盯廠。

先父在擔任公務機關出納職務期間曾提過，只要是驗收通過、請款完備的工程，就不會在流程上拖延廠商的貨款，支票放太久沒來領取的還會去電提醒。在家電產業時，一位財會最高長官的一句話，這些貨物都已經驗收入庫無誤，支付貨款就是公司的責任，大家配合加班，辛苦了。

哈哈～～相對的，流動資金是會有壓力，老闆是會睜大眼瞪著看的，所以需要找到平衡點，例如業務收款要及時，存料、存貨須在允許的週期內，避免呆料，增強

銀行的信心優化融資能力，而這一切不就是逐步全面的提升公司管理體質嗎？！

個人則需承受內部折衝包括流言的壓力，不過相較已備齊各類材料，卻短少一兩項料件而不齊套，造成產線停擺的風險，這樣的承受是值得的，這段時期，包括缺水或者颱風休假，都會觀注對相關供料的影響。

星雲法師曾說「歡喜作甘願受」這句話，伴隨個人很久很久。

營業計劃暨收入，除了牽動財務資金的安排，也影響到關鍵組件廠商的供料計畫，包括對這家公司提供數字的信任度，愈大型、愈上游國際化的供應商會愈重視。

接單銷售的計畫，營業單位很難嚴謹的提出，可能太過樂觀或者過度保守，反正訂單不足時再去砍料，或者訂單多了之後再來催料，到時候業務自己能夠脫身卸責就好。

除了市場的熱度以外，接單能力、達成率的客觀分析，了解掌握業務同仁各別的個性，尤其是主管。

主要部品的存料及交期狀況，公司的最大產能，收付款的財務概況，斟酌加減之後，在黑板上寫出未來 3~6 個月的阿拉伯數字，可以逐月的檢討，變動是在可以承

受的範圍之內。

　　正因為這些經過用心及專業的加工，使得這些數字，是經得起時間考驗的，避開公司內部那些做不到的管理要求，同時幫公司以及各配合廠商，減少浪費也共同成長。

　　代理進口感光元件的經營者視如至寶，甚至有感的說，你的薪資其實是自己賺的，因為只要你開口，我們都會盡可能的配合降價，貴公司省下來的成本，遠遠超過你的薪俸。

　　這才是「數字」真正的威力及價值，成就了離開家電產業時的自我期許，也沒有辜負往昔惠予培育的長官們。

　　銀行界的經理人也曾經聊到，他們在評估公司時，除了認識經營者以外，也會留意站在旁邊的主要幹部。

　　一家大型銀行的經理人，來電詢問公司申請增加額度需求時，個人最後回答，請給予最大額度，我人還在公司，而且拚到渾身是病。

　　該銀行經理三年後再親自來電詢問同樣的問題，我回答，敬請專業判斷，因為我剛離開了公司。

　　個人就在這樣的工作環境下待了七年多，公司在全員努力下，從年營收不到二十億成長到七十多億的隔

年，婉拒了老闆安排前往上海就職的好意。

原因是，經過探勘瞭解，各方人士雖然認同個人，可是自覺，前六個是可以化解眼前的問題，但是結構性的問題就無法化解了，一天過一天的生涯，並不符合自己的個性。

倘若要積極改善，以當時的胃病還在治療，長期的失眠，四年拔掉三顆牙周病的牙齒，尤其自己的思緒行為，已出現控制不了的現象，強烈地感覺到，身心可能會失控說不定客死他鄉，最後決定提出辭呈先跳脫出來，也領到了職業生涯的第二次離職金。

當下告訴自己，職業生涯最能揮灑的時刻結束了，再下去只能隨運逐流，事後証明當時的我，在找不到方向去治療及調整，身心確實出現很大的狀況，同時影響了個人後續的各個領域。

長期以來的工作都是硬仗，因為「建立流程、改善組織」牽動的範圍包括專業也涵蓋人性，改革別人都是拍手叫好，這是推動者的蜜月期。

當事人自身遭遇調整時，左閃右碰展翅掙扎是本能，「公開透明」是由淺入深由低而高，影響所及，最後會觸及經營層以及參與其中的親友或大股東。

在經營者眼中，沒有最好只有更好，而且在不同的

時空的當下，他認為的「好」是會變化的！

　　唯一不變的就是「變」，計畫趕不上變化，變化趕不上一通電話，產品週期愈短、競爭激烈的行業，這個現象是愈加的明顯。

　　秉持著「適才適所、不傷無辜」的原則推行職務，這肯定是對的有理想的，但是非常的累人，自己也不會因此加薪，期間也目睹了什麼叫做冥頑不化。

　　經歷傳統產業的薰陶，秉持著承先啟後、盡己之謂忠的信念，這是個人在工作生涯中原則的選擇，其結果當然要去承受，即使是身處競爭激烈、強調狼性的電子創新產業當中，仍然耗竭心力的去尋求平衡點。

　　二十幾年來沒有辦法說服自己違背這個原則，天人交戰、好事多磨是常有的內心戲，階段性任務完成是我的宿命，歸零是一種解脫，再出發，則是辛苦挑戰伴隨著憂慮的開始。

　　曾經自豪是現代社會的遊俠，背著寶劍穿梭於各個產業山頭之間。如今也體會到，這正是老天爺對自己最好的安排，因為正是自己的專業、個性和價值觀所使然。

　　個人就是在企業體當中，推動改變扮演鯰魚的人，很有挑戰性也很波折。

雪山隧道讓我重生

什麼叫快？什麼叫慢？當下是「適時」嗎？

當我出現的場域，就代表要捲起袖子開始改變的時候了！

能夠讓資深員工、快要被放棄的同仁重現價值，是個人最大的成就感。

循序培養出能接手的年輕同仁，是對公司最大的忠誠表現。

看到經營者露出放鬆的笑容，是最大的安慰。

觀察多年的業界好友，有感而發的對我說，這是一種自殺式的管理，因為飛鳥盡會良弓藏。

社會科學並不是學校的考試，利、弊是呈比例並存的，因時空改變也會有昨是今非、昨非今是的有趣現象，不像自然科學，有一個客觀衡量的固定標準。

手心手背都是肉的斟酌，「權」與「責」的認知及運作，在不同屬性的產業以及公司經營者，充分出現分歧性，甚至是相反的操作概念，這讓我調適了不少時間。

卯盡了全力依然有改善的空間，直到搞壞身心之後才體悟到，本來就沒有所謂「好」的那一天！

每個職務都有他的原罪，需要坦然面對和巧力化解，倘若因此壓垮自己的身心，對整個事情的發展，反而是不利的。只要相對比較起來，有一定程度的改善就

99

不錯了，何況自認為是對的事情，事後反省，也不見得是圓滿的。

個人就是啟動者、破壞者，時間夠長的話，也會是建設者、讓賢者。

認識自己，體認在不同階段、不同時空角色的扮演，是需要嘗試及練習，正面思考的欣賞別人、欣賞自己，也是需要學習的。

閻羅王眾讚嘆品第八後段：

說是語時，會中有一鬼王，名曰主命，白佛言：世尊！我本業緣，主閻浮人命，生時死時，我皆主之。在我本願，甚欲利益。自是眾生不會我意，致令生死俱不得安，何以故？……。

佛告主命鬼王：汝大慈故，能發如是大願，於生死中護諸眾生。若未來世中，有男子女人至生死時，汝莫退是願，總令解脫，永得安樂。鬼王白佛言：願不有慮！我畢是形，念念擁護閻浮眾生，生時死時俱得安樂；但願諸眾生於生死時，信受我語，無不解脫，獲大利益。

爾時，佛告地藏菩薩：是大鬼王主命者，已曾經百千生作大鬼王，於生死中擁護眾生。是大士慈悲願故，現大鬼身，實非鬼也。卻後過一百七十劫，當得成佛，

號曰無相如來，劫名安樂，世界名淨住，其佛壽命不可
計劫。

地藏！是大鬼王，其事如是不可思議，所度人天亦
不可限量。

承上啟下的主命鬼王，其用心及一絲無奈，個人是
可以體會的，只是我做不到那種如如不動的境界，也很
羨慕袘有．位好的主官管，還有佛祖這位長者知音的鼓
勵與提醒。

內在心靈層次是超越外在物質的，工作職場上薪資
所得及權力並不是涵蓋全部，看得懂，能適時的肯定鼓
勵包括提出建議，對當事人而言，是莫大的溫暖與激
勵！

「過往是很 0k 的，但誰知道未來會如何？」

這句話是個人在轉換公司時，內心最辛苦的過程，
信任是需要時間、要有案例來建立的，產業不同，經營
者的風格迥異，著實讓我的身心產生超限的負荷。

編製年度營業計劃，執行長刻意的放鬆現場氣氛，
讓我驚覺，是可以這樣討論的。集團企業因為擔心業務
單位都留．手，包括生產單位在配合上的保守，幾乎是
不留情面的一而再的催逼。

這位 CEO 形容業務的人格特質，看到商機如同看到獵物，忍不住就撲上去了。頓時反觀自己，看到問題時，也會忍不住要去解決的管理個性，2006 年在少量多樣的面板模組產業中，見識到了這個經營現象。

中小型企業因為成立的淵源，組成人員的結構不同，是需要談笑用兵的，當然這樣的執行長，相對沒有耍官威的空間，悶了些，尤其是要對應客戶的需求，開發新的產品項目時，在專業人員不足以及研發預算有限，是相當的辛苦。

2009 年全球金融海嘯的浪潮中，再一次見識到中小企業的脆弱，剛聘任不到六個月的新產品團隊，面臨解雇！

新團隊的研發主管，急，脾氣大！讓我看到了好久以前的自己。

在集團企業底下所培養出來的自我要求，也認為周邊部門的配合是理所當然，公司資源是無限的。

喔～～我心中默默的祝福他們，能夠在增長視野之後，順利的重新再起。2010 年公司也好意安排個人去蘇州廠長駐，因為不符合現階段的規劃而婉拒。

聽到科學園區的集團公司，員工上班才知道被裁員，當天簽結就離開，這一切都符合法令。

雪山隧道讓我重生

作法上不能多一些尊重嗎？他們不是貪贓舞弊，不能讓他們有尊嚴地離開嗎？

一家正在研發計碼器的經營者，聊著聊著，提到如何榨乾研發人員。是的，他用「榨乾」這個詞，可能是看到我當下的表情吧，講兩次之後就沒有再提，因為我心裡面的第一念，不是不能榨，重點是，你到底給了多少薪水？公司可以養員工多久？

2011 年中在另一個場域，親睹一位慣老闆，毫不在意的自誇多麼會裁員。

工作生涯至此，針對這類型企業的經營者，起了很大的反感。同時才驚覺，台灣的勞工法令保護性並不足，尤其是我這個世代，其實是被犧牲的一個世代，台灣勞工薪資成長率與經濟成長率的不成比例，証明是有結構性傾斜的因素存在。

再加上企業大舉的西進，經營層不自覺的會以低價勞工來作比較，一個有趣的現象，對岸的工廠賺錢與本地同仁的收入無關，甚至被藉以調侃限縮，但是虧錢了卻會被波及，包括對岸天災的捐款！

世間事至少都有兩個面向。

一位光學產業經營者的感慨，公司因為遭遇規格、技術的瓶頸，在營收劇降之下，面對每個月薪資等等固

定支出，搞得晚上會失眠，這位經營者，後來導入新股東，過了幾年，被迫離開自己創建的公司。

目睹剛經歷完景氣的谷底，喜獲大單，卻因為半路殺出程咬金，造成出貨受挫，該公司無預警地不支倒下。

「市場熱度」的探討範圍，包括同類產品的規格及價格變動、低價劣質品的競爭，尤其是新規格的出現，一旦企業決策錯判，又身處在捉襟見肘的財務逆向循環時，收、付款的思維與運作，就與上述財務正向循環所描述的完全不一樣了。

少接一些可以嗎？這是多麼困難的決定！

多與少又要如何定義？

「最大化」與「最適化」是逐次的一個抉擇，真的是不容易。

曾在銀行看到一位臨櫃人士，可能是遭遇了什麼問題，竟然失控對承辦人員大吼，這個錢今天必須領到，員工都在等發薪水！

一位執行長，壓力大時，早上起床會流很多汗，不是熱，但就是被單都濕了，門診時醫師告訴他，是壓力太大的症狀，他的「心理」是可以承受，但是「生理」卻受不了，所以用這種方式來反應。

另一位經營者則是淡淡的表示，只有一組研發團隊，問題很多，時程無法掌控，所以就再建立第二支團隊，結果奇奇怪怪的問題減少，產品的開發時程也穩定了下來。

　　勞、資雙方是在相互砥礪要求和鼓勵之下，得以激盪出火花來迎得成功，雙方的良心都僅能一時無法長依的，得依據理念、規範、評鑑、獎罰、宣揚職業道德等等來維持，包括政府法令與時俱進的調整，相信可以逐步地找到各行各業的平衡點。

　　勞方與資方絕不是對立的，這種互動的關係，其實頗類似人體的運作！

　　一連串的經歷，也印證「一支草一點露，天生我才必有用」這句話。就是有著不同類型個性的人士，他們就是剛剛好適合在那樣的產業規模和擔任的職務，天時、地利、人和是缺一不可的。

　　肩負開創擴展的主管或經營者，隨著時空的轉變，也可能轉變成阻礙成長的因子，因為大家都會擔心，接下來要扮演什麼樣的角色？

　　有些聲明及動作如真似假，因為只是要給一個交代，企業面臨合併時：

　　後勤管理、生產管理的人員有什麼保障？

公司有預提超額的離職及退休準備金嗎？

還是將勞動基本法當成問心無愧的最高標準？執行過程可能還極盡刁難之能事？

這些面向都不是簡單的事情，遺憾的事情所在都有！

「感謝過往的付出」和「已無價值用完即丟」，是截然不同的企業文化，可以從財務報表的相關科目及數字看到一二，這也會直接影響從業人員的價值觀。

賈伯斯（Steven Jobs Theater）成名後流傳出來的故事，1983 年找百事可樂總裁約翰·史考利（John Sculley）來帶領蘋果時，果然是出了問題。

產品推出的頻率和模式，是會直接影響及形塑一家企業求生存的邏輯，也會全面連動一家公司的運作與文化，進而引導所有成員的價值觀。

即使是世界級的天才，面對社會科學的領域，仍然逃脫不了「不經一事，不長一智」的原則，因為他碰到的是另一個領域的天才。

反過來推論賈伯斯，若是一開始就去百事可樂服務，他度得過前三個月的試用期嗎？即使通過了，會是現今的賈伯斯嗎？

一家堅持不變的口味，維持八十年以上的跨國企

業，是庸才還是天才呢？

是不是天才都是結果論的，適才適所抬頭苦幹，外加一點運氣缺一不可。

任何職業都有專業的要求，符合的叫做「稱職」，正因爲你本身具有的專長及個性傾向所以才稱職，但是長期下來會有職業慣性，嚴重的話就稱爲「職業病」，這是爲了稱職所必須承受的代價，不管是生理或是心理。

辭退、裁員、改組是企業體再往前走的必要之惡，重點是評鑑標準、入場機制和出場機制是否得宜？

即使公司面臨困境，或者生意暢旺時缺少周轉資金，經營者、董事會依然一秉初衷的原則，不會去挪用這些準備的科目，一個肯定過往付出勞務，優於法令規範的準備金或者基金。

寧願加大經營與資金的壓力，可能減少配息的利益，甚至面臨改組重組的風險，這種承受壓力求生存、自食其力手心向下的分享給予，其精神與能量，是超越手心向上的公益團體。

冰冷的數字及會計科目所呈現的內涵，可以看到熱血冒險的投身，或者保守量力的因應；展現對人的價值堅持以及抱持永續經營的企圖；當然也可能是冷血的壓榨，無視環境的破壞等等負面呈現。

107

完全以大、小、成、敗來評論一家擁有歷史的企業，是不夠全面及客觀的，企業除了上下努力，也是存在著運和勢，有循環、有成住壞空的。

　　從初創進場、顛跛、穩定、風起揚帆，守成與突破、轉型再成長，面臨消退，裁員、改組、合併，甚至宣告破產退場的過程當中，有無逐步制度化的對從業人員作必須的要求、在職訓練、適當的關懷，以及符合比例原則的辭（離）安頓、退休的保障包括合併的安置，在在透露出，經營團隊與大股東對理念的堅持，這個執行過程的價值提昇，直接豐富了整個社會的內涵。

　　一位知名的藝術家，支撐他的是一群看得懂、聽得懂的欣賞者，「大股東」正是一群對經營者暨企業文化，擁有實力的支持者與欣賞家，除了投資獲利的鐵律以外，在企業的發展過程中，大股東是可以在企業精神以及價值文化部分，展現更多的影響力。

　　企業成立迄今，為社會留下了什麼正面的價值？是值得去探討及宣揚的，包括大股東以及金融機構如何適時的從旁協助。

　　最近的一個案例，就是 2020 年改組的大同集團，創辦人家族的林家，在興學辦學和盡可能的照顧員工這兩方面，個人是持肯定立場的，他們在企業發展的過程當

中，豐富了台灣的社會，也提供接續發展下去的內涵。

2021 年 3 月媒體報導前宏國集團的阿嬤林謝罕見女士，十年還清 600 億台幣的債務。

這讓我想起 1985 年因十信風暴牽聯的蔡辰男先生自述，一開始吃了三個月的安眠藥，用了 25 年的時間，償還了新台幣 192 億的負債。

他們的「承擔負責」給了個人很積極的正面啟示，你會跌倒甚至慘摔，但是先安頓、檢視剩餘資產、接受診療、逐步還債、整裝再起，這是多麼鼓舞人心的綠色之旅。

慈悲的定義，慈悲的面向、慈悲的分工，慈悲的執行，在當今的時空當中，是值得重新來定義以及探討的。

不同於研發製造的產業，例如：傳媒、影視、運動等產業，重點就轉移到「年所得」的「虛科目」了。

當紅時期一年的所得，可能是一般人十年、二十年甚至是一輩子都達不到的，如何看待明星級人物的一生經營？

除了專業上能夠突破的時代意義，能否「由虛轉實」的提供社會正面的價值，也是評論的一個重要視角，這部分就需要另闢專區探討了，所以才會有「終身

成就」的獎項。

（二）精神的武裝和卸裝

　　兩年多的任務在 2014 年 10 月告一段落，如同往昔一般的歸零，準備沉澱之後再出發，錢確實賺得不夠多，養老金是還要努力，可是七年前已慎重的告訴過自己，不要再恐懼拒絕再徬徨，因為這種情緒，對整個情況是沒有幫助的。

　　暫時先做一些簡單的工作，維持基本收入和動能就好，這期間唯一的好消息，原本偏高的血壓，恢復到正常值，醫師說，這證明之前是「神經性的高血壓」。

　　這段期間面對老婆的不安，只能安慰未來五六年之內，家中的財務並沒有問題，小孩升學或深造計劃如常進行，反而應該重視兩人身體的保健，健康的身心才有辦法承受未來的挑戰，穩住自己，等於穩住了全家。

　　往昔本就懶惰的請老婆去確認帳戶，現在所有的現金收入，也是大男人的請老婆來入帳，其實這當中有一個意涵，都有收入只是多與少的問題，藉此緩和她內心

的憂慮。

經此階段之後，雖然從未申請過，卻深感政府機構或者公益單位建立「救急制度」的重要性，因為吃穿有依，才能談及其他。

很欣賞富裕人士，能夠用豪宅、遊艇、飛機犒賞自己，期盼找到再努力下去的動力。

中產階級的我，就讓家有一些新的元素或者小雀性，身處其中才不會一陳不變，對未來也能增添期待。一如往昔的檢視及執行家務的整頓，廳堂修繕粉刷、汰換老舊衣物、窗簾、換新屆齡的電器等等，一來此時才有空閒，二來趁還有預算，太太不會太囉嗦。

這些行動，是一種理念是一個選擇，是不是恰當？需要時間來証明，過往三十年都是對的，但值此時空，最大的差別就是自己的年齡與體能！

卸下武裝後的身體，疲倦感比預期強烈，思緒變慢偶有輕微眩暈，糾結的情緒容易揚起，一喚起以往作業的景象，有一股厭煩、受夠了的情緒，身心也出現久違的耗竭感。

整個狀況就是意志與身體之間的磨擦力又變大了，想用力掙脫，但又容易瞬間爆衝煞不住，中間的那層潤滑劑消退了。

糟糕，怎麼會整體轉壞了呢？這和身體的老化有關係嗎？

　　工作環境中的職務特性，一夫當關確實需要很大的能量才撐得起那種表面張力，同時要沉得住、剎得穩兼具持續力，在進退有據之下，才足以推動組織往目標前進，看來當下的我又必須先認輸、服老、降低標準才行！

　　商場上、政壇中，年過五十之後，能夠離開原有的舒適圈，去承擔重任或者挑戰重責的人士，不管你喜不喜歡，都要替他拍拍手，都是不容易有時還會出人命的，例如麥克傑克遜五十歲時想要復出就不可得。

　　不僅需要經驗和專業能力，還要有體能和價值信仰，運作平衡的神經系統，良好的吸收、代謝和恢復能力，這是多麼難得，一位會呼吸、活著的老藝術品，比起舞台上、球場中的年輕明星其實是毫不遜色。

　　盡人事、聽天命，是否就是在講述這個道理？

　　反觀自己，雖然遠遠不能及，但是起碼近二十多年當中，在各企業體制內努力過也挑戰過，只因為一個簡單的目標，要讓同仁暨公司進步、也讓家人過得好一點，這是唯一可以自我安慰的。

　　行筆至此，對中高年之後，能夠順利轉換跑道的人

士致上敬意。

《藥師經》中提及：

　　復次，曼殊室利！若諸有情，雖於如來受諸學處，而破尸羅；有雖不破尸羅，而破軌則；有於尸羅、軌則，雖得不壞，然毀正見；有雖不毀正見，而棄多聞，於佛所說契經深義，不能解了；有雖多聞而增上慢，由增上慢覆蔽心故，自是非他，嫌謗正法，為魔伴黨。……。

　　是有層次也相互影響，「增上慢」讓我感觸頗深，「增上」是指進步的「幅度」，而卸裝後的我，其實正在「增下快」！

　　日常大和尚曾提過，資糧的累積就像在跑道上滑行，很辛苦，資糧夠了，一瞬間就一飛沖天。而此時的我，應該是還在引道上排隊，就遭逢了強烈風雨！

　　這與智商、成就、財富並無直接的關係，是出自內心的領悟與執行，但也不能反證這些優秀的人士就不會進步，這如同開發中國家的經濟成長率，很容易超越先進國家，任何事物愈往巔峰，鴨子划水的功夫，是愈多也愈沉重的。

　　《地藏經》中，校量布施功德緣品第十就有所敘

113

述：

爾時，地藏菩薩摩訶薩承佛威神，從座而起，胡跪合掌白佛言：世尊，我觀業道眾生校量布施，有輕有重，有一生受福，有十生受福，有百生千生受大福利者；是事云何？唯願世尊爲我說之。

DNA 的起足點就不會是一樣的，這正是各自要面對及完成的功課。分佈各領域的成功人士，有什麼動機，能讓他們有所感觸而精進呢？這是需要因緣與行動力的，例如：婆羅門女，就因爲母親的過世，產生了無與倫比的動能。

觀照自己的精神武裝，是需要神經系統來支撐整體的行爲能力，是一種意志的開展及挑戰，也常會超過系統的負荷。如同運動員一樣會受傷，但是療傷之後，還是得再繼續訓練，支撐的精神力量來源，就是目標、責任、榮譽感，加上一份值得的收入。

一旦卸下這些武裝，身心就像遭遇埋伏的隱武者，一個個竄冒了出來，這次比較凸顯的是記憶部分，另有開車時，即使綠燈快過了也不敢加速，因爲自身體感會擔心發生暈眩！

剛剛想做的事情，一聊天，馬上被覆蓋會忘了，無

雪山隧道讓我重生

法像往昔可以並行處理；明明資料庫都在景象清晰，但就是說不出人名。近日的事情，對時間的先後順序變得模糊而不敢確定。

喔~~「時間序列」和「名詞的記憶」，現在體驗到她的可貴性，這能力是老天爺的恩典不是理所當然的。

堅持向目標邁進，這個不能太用力想的決心，仍然是存在的，維持低力度的工作，找好友餐敘聊天，自己不喝酒了就約吃中餐，突然腦壓上升就停頓一下；「恢復」是需要休息、活動和時間三個要素來促成，缺一不可，只是分配比例的問題，如同前述，僅向周歲的幼童學習，可以扶手放慢來步行，但不是放棄。

體驗過的歷程，這次不會再徬徨了，承認自己未老先衰，也慶幸還沒有很老，仍然擁有恢復的基本能力，不會一去就不回頭，也體認到「記憶」能力是一個人「自信心」的基石，有些人士演變到後來會出現退縮行為，是有原因的，同時減少開車上快速道路避免危險，就這樣拉拉扯扯的到 2016 年元月才停藥。

身是菩提樹，心如明鏡台；時時勤拂拭，勿使惹塵埃。

當「心錨」真的被憾動，心思是會在暗黑大海中載浮載沉的，「自以為是」的「顛倒夢想」是會發生的，類

似飛機夜航時，因為「海天誤判」而造成墜毀。

同樣一件事物，都是具有兩~三個面向，有時就是偏執在一個面向或是反向，甚至一竿子推翻都不相信。

當身心在恢復的過程當中，著實需要「時時勤拂拭」的隨時擺正放好，否則尚未完全恢復的神經系統以及暗黑的記憶，是會趁機強力的反撲、碰撞，再次造成顛倒，神秀大和尚講的是有所本的。

既然走過灰黯的隧道會有印象，神經系統是會記憶的，待太久還會畏光，不想出來形成了慣性。內外適時推拉的走出來，是絕對有必要，當事人則是必須自己面對和負責，自怨自哀甚至形成惰性，旁人和環境能夠協助的，就變得非常有限，自助人助、自助天助這句話是真的。

「得而復失、失而復得」的折騰之下，才能比較前後身心感受的不同，這種現象，各個宗教的信徒，應該都有人士經歷過，當然也會感恩各自的教主。身心調整得差不多了，就是想辦法再投入適合的工作成就生活，用行動再來補畫上生活的色彩。

一個產品的可靠性，是必須落實到每一顆零件的製程，加上定期的保養維護才能確保。

身心的穩定度，則是在現實與理想、堅韌與柔軟之

間找到平衡點，是需要依賴「修與行」來維持。

看來人的一生，很類似精緻工藝的展現，是一門創造與雕琢的藝術之旅。

近一年來，偶爾會自問「那是我嗎？那不是我嗎？」

原來那就是「當下的我」，自己也必須為那個時候的自己負責，包括法律、功過和因果。

很多很多的當下，累積成為人的一生，這就是天律，天律比你想像的要單純、簡潔和賞罰分明。

往事已經發生，倘若現在仍未調焦改變，那就會陷入合理化自己錯誤作為的下降漩渦當中，未來會如何發展，已經可以預期了。當你承受扭轉的辛苦朝正確的方向前進，過往的錯誤、崎途，將會蛻變為「成就未來」的基石。

反省、懺悔、供養、迴向，是讓自己能夠回歸清澈的方法和過程，但並不是要二次甚至多次的重掀傷口再次糾結擾心。重點是從「現在」開始，要用怎樣的態度走下去，必須要有一個「放過自己」的啟動點。

電影中神父伸手按著懺悔的告解者說，主耶穌已赦免了你的罪。現在可以理解那種意境，當然也瞭解這並不適用，不斷找藉口原諒及合理化自己罪行的人。

2011 年夏天沒有下決心去門診治療的「過去心」，無法想像現在的自己，會是什麼樣子的「現在心」；2016 年抱著答應了，就落實去持咒唸經的「現在心」，而有了今日恢復柔軟感的「未來心」。

　　《金剛經》中提到的「現在心不可得」，是否也是在提醒，找到正確的方向及方法，是有急迫性的，是現在就可以開始的？！

　　達賴喇嘛不只一次的提到，佛法是比當今心理學更深入的探討，而且早在兩千五百年前，所以佛法是科學也是哲學。

　　2021 年二月農曆新春達賴喇嘛的賀詞中提到，我在過去一年中雖不圓滿，但有盡力以聞思修而度過，那麼就應該隨喜自己，……。

　　大智者，在分析比較摩天大樓九十層與壹百層視野的差別，自己則是千辛萬苦，才從地下室爬到地面的廣場，正在仰首審視如何爬上二樓，景象雖然不同，但同樣都是往上層在邁進。

　　自認已經攀頂的人士，是一刹間、一刻間，還是恆常如此？如何檢驗呢？

　　85 歲的達賴喇嘛提到，以自己為例，每一天都很努力的作足了功課，否則無法維持現在的身心狀態。也

說，自己經歷過亡國之痛，想起來……（搖搖頭），不過凡事都要往前看，不能自怨自哀，那對事情是沒有幫助的。

「自食其力，通過最後審判，不會下地獄」的人生，才是適合自己去力行的，也發覺不殺人放火，能夠落實「國民生活須知」，要下地獄其實是不容易的。

珍惜能夠摸索、可以體行的這個人世界，至於極樂世界、天堂，就留給因緣加努力來決定吧，夠不夠資格呢？那有請佛菩薩或者上帝來定奪了。

（三）無常正代表契機的常存

2017 年 12 月幫忙近十年的店長，提出一個月之後要離職轉業。哈哈，只能說措手不及，最後決定就自己先來撐一下。

若是提早六個月發生，是會把店面結束的，因為當時對身心的恢復及掌握，還沒有足夠的自信，而現今自己的體覺是，可以一試了。也自勉，在多年的公務上都是請人去做，現在就自己想自己動手做，甚至笑看自己

會不會做到收攤！

一間小店面，細細瑣瑣的事情是夠你忙的，也要適應新的作息和作業程序，即使有書面記錄和手機行事曆，忘東忘西仍不可免，有時會很氣自己。這店面是我投入的第九個行業，至此已走過了三十多個年頭。

很清楚自己正在適應，瘦了，不到 5 個月體重下降了六公斤，即使如此，一家之主本來就是一棵搖錢樹，當搖不到符合預期的金錢時，還是有被嫌棄的感覺，當遇到寒冬的下雨夜，更感辛酸，不過精神與鬥志依然是旺盛的支撐著。

有趣的是，突然發現身心的變化，在往昔，應該會腦火或者糾結的一些人事物，突然不會了、不見了，還可以流暢的面對及化解，幾次下來，心想這是很有意思的轉變喔！

自己也搞不清楚那剎那，怎麼會跟往昔有著截然不同的反應？這是否就是不會「起心動念」的心理反應？！

不是聽不懂也不是不在意，只是不會糾心，瞬間不會冒然激動，可以在瞬時表達出不慍不火的語句，事後也能船過水無痕的繼續眼前的工作。

往昔很佩服櫃台銷售、業務人員，那種積極但卻淡

然的應對方式，現在可以體會他們的身心狀態，當然這與毫不在乎的心態是不相同的。

面對客戶，也可以自然的記下大部分訊息，幾回下來心裡鬆了一口氣。

隨著每一天的操作伴隨著持咒唸經，身心之間的磨擦力降低，潤滑流暢感增加，記憶細胞恢復彈性。就像是汽車，從最初笨重的機械式方向盤系統改為油壓方式之後，方向盤的操作變得輕盈又有效率。

哈哈，投入三個月之後的身心反應，讓自己驚豔不已，「路」就是要走才會有所感受，這與年齡無關，這就叫做體驗、體悟吧！

適合的店長人選還是找不到，加上台灣立法院正要通過一例一休的勞動法令，但是面對逐年下降的營收，看來只能自己接手，否則就要頂讓了。

立意良善的修法個人是樂見的，過程當中，也充分顯現出產業「個別差異」以及「各有所長」的分工、辛苦以及專業的特性，這些正是從業人士的核心競爭力之所在，全部要去體驗是不可能的，所以需要探討、溝通來找到平衡點。

其中的特休假，從一年縮短為半年開始起算，以個人的經歷是有感的，政府終於看到了，有趣的是，本人

正在適應一天 13 小時一週 6 天，校長兼撞鐘的工作型態以及角色的扮演，而且是無怨無悔。

2018 的農曆年過後，曾任職過的公司經營者來電，希望能去大陸南方廠幫他一趟，因為已導入富士康的團隊、希望能夠系統化、也有人建議上市……等等。

每一位經營者都會有一套的理想及說詞，但是都離不開當下事情的本質，尤其是在我的眼中。

應該是搞出自己無法收攤的紕漏了吧，直覺告訴自己是「不要去」的。

內心很清楚，又要扮演類似往昔的角色，真的非常擔心，好不容易才平穩的身心狀態，是否能夠再去承受，整個過程的壓力以及事後的後座力？！

本案讓我感覺到，這位年輕經營者是有福報的，因為老婆竟然很積極的促成，倘若拒絕，反而變成是我自己能力不能及！

參加完女兒大學畢業典禮，六月初成行，九月上旬返台，給經營者最後的一句話，「新團隊服氣了，舊團隊心安了，階段性任務完成。」

新團隊原本戒心非常強烈的領頭羊，是一位務實看過世面，大陸改革開放後的新世代。對我的即將離開，表達了依依不捨，也肯定確實有幫上忙，甚至提到讓他

回憶起，在富智康跟過的一位台灣幹部。

我表示，不敢當，他們是強我百倍的，很高興有機會與你們共事。

剛到工廠時，看到清潔的廠區已經很佩服，因為往昔一直做不到，尤其找不到人來討論產品編碼原則、生產相關的細節問題。這一趟，把我過去一個人用空檔時間所蒐集、彙整的資料，跟各單位經過實質的討論之後，終於打通任督二脈有了具體的結果。

同時說明，「土法煉鋼」與「系統化」其實是各有利弊的，就看經營者如何去評估要不要執行，即使決定要導入系統，也是操作上的問題了，你們都可以去完成的。

倉儲主管佩服的說，往昔在富智康，主管怎麼說就怎麼做，從未想過有這麼多複雜的細節，事後也文詞並茂的感謝指導，表示收穫很多。

我回答說，是的，就是這麼複雜，只是前人做完了由你們來操作，參與這種前期的規劃討論，職業生涯中一般只有一次，絕大多數人是沒有機會參與的。

召開會議告訴舊團隊的後勤擔當幹部，幫各單位建立的成品、半成品、商品、材（物）料、廠商，資產以及模具，包括事業各部門的編碼原則，另有模具管理

卡，配合公司各類商品、材料的規格、品檢管理表等等，未來倘若再導入新商品，也是比照延伸，這些足夠應付導入 ERP 系統時的各種需求，各位不必再因為陌生而揪心，糾結自己在專業上的種種問題，過程中也感謝諸位的參與投入。

上述種種，反而不包括老本行的會計科目編碼以及財會流程！

核心原因，財務報表是浮出水面的冰山一角，水面下 90%層疊支撐的過程才是重點，基礎資料的運作都穩定之後再談也不遲，科目編碼、流程已是公版標準化的設計，所以不是當務之急。何況老、少的財會同仁，只有一位新進，因為待過大型企業操作過系統，對借貸法則及科目運用，有一些基本的認識，其他人仍是只懂得收、支的流水帳務。

沙洲是蓋不起樓房的，除非進行土地改造，一旦改造，現有建築則有破損甚至倒塌的風險！

把當地幾位部門幹部，在微信上的感謝以及問候的文字，貼圖下來給家人看了之後，他們才大致瞭解，我多年以來所扮演的是什麼角色。

曾經跟金融投顧的人士聊到工作特性時說，各位如同站在遊艇甲板上，穿著西裝、禮服，把酒言歡的帥哥

美女，個人則是穿著潛水服在水底深處，正與暗流、礁岩甚至鯊魚搏鬥，被刮傷咬傷事小，不小心是會被捲到外海回不來的。

舉凡會計師、輔導券商、土地代書、律師以及系統專業人士，在業務需求的前端無法去落實的，就是我這一類人士要去張羅鋪陳，否則結果是不會圓滿的，這是個人職業生涯的終戰之旅，很慶幸能畫下圓滿的句點。

這三個月期間，家人利用下班及下課時間，辛苦的撐著店面生意，返台後發現太太長出了白頭髮，內心著實一疼！

返台之後沒有失眠，沒有像以往會糾心而失眠。已經停藥的我，這個行前內心深處最最擔心的副作用，很幸運的沒有發生，對個人而言意義是非常重大的。

並不是沒有後座力，比起往昔，其實是有過之而無不及的，但是，在執行過程中或者結案之後，沒有產生負荷不了的糾結及失眠反應，復原的速度比往昔增快很多。

本身執行的功力確有提升是其一，每日讀唸三小咒、大悲咒以及佛說阿彌陀經供養及迴向，這些是有關聯性嗎？我不確定。

這一趟如往昔的旅程當中，卻讓我體會到了「起心

動念」是什麼意思，是怎樣的感覺，統稱「無明」所涵蓋的範圍，是有多麼的廣泛！

身與心、記憶與執著的區別，相互之間的運作，是可以作到減少磨擦的平衡。這樣的身心狀態，文字、語言確實是很難形容，必須在當事人發生的當下，有善知識即時的提點，加上自身的執行，才有辦法感受分辨。

如同腦內科醫師曾提及的「慢慢會取回主控權」。所有對神經系統的干擾物質，過量過度都是不好的，例如抽菸、飲酒，毒品就更不用說了。

人體的神經系統有問題，需要配合診療服藥、調整自己的思考模式以及生活步調來進行療程。

面對更深入的心緒，如何的平衡平穩？如何取回主控權？看來早在兩千五百年前，佛祖已經提出諸多的方法來對治，只是哪一種方式適合你而已？

2017 年中秋網路弘法中達賴喇嘛比喻佛法是像「藥」，有效無效？服用了就知道。不適合沒有感覺自然會離開，有所感受的，自然會留下；有體悟者，也就不會人云亦云的去唱和或者污衊了。

這說法印證了 2016 年秋末，自己開始持唸六字大明咒時當下的感受！

咒語不翻譯，看來是有原由的。字義其實是簡單

的，眞正的學問，推論是在音韻以及有無諸佛菩薩的護持，哪一句佛號、咒語，哪一部經典，是適合當下的你？這個診斷的過程，才是眞學問。

門診自律神經的人士一定會詢問，我多久才會好？

吳醫師是笑笑的不作回答。

你請示佛菩薩，何時可以明心見性？

相信佛菩薩會慈眉善目的看著你，但也是不會回答的。

主客觀、內外在的影響因素太多太多了，而且是自己跟自己比較，不是跟他人去比較，如同受傷病痛，沒有人能夠幫你病、分攤你的痛，唯有遵從診斷，服藥、打針以及自體的療癒，一步步因人而異的邁向康復。

（四）甜蜜壓力與支撐的來源「家」

2015 年中再一次用 LINE，誠懇的向老婆和已成年的小孩用文字道歉，隨後再面對面說明，自己過往的有些行爲是錯誤的，承認自己是生病了，請能夠諒解，也非常感謝他們的陪伴，辛苦大家了。

都是當了父母之後，才開始學作父母的，請他們以我爲殷鑑，能夠自己留意生活作息、睡眠品質、排便情況，減少 3C 產品的接觸時間，明知效果有限，但還是提醒著小孩，同時強調是在盡一份家長的責任。

只要一口氣還在，就會適時輕輕的提醒，如同好久好久以前，老奶奶喊著大家早一點去睡覺一樣，身爲父母只能夠盡人事而聽天命了。

子女是幸運的一代，也是不幸的一代，身處二十四小時不停運轉的文字、影音的網路環境，資訊爆炸也充斥造假訊息，利弊各半的高度科技文明社會中，他們要如何去因應、適應呢？

如同「天生天養」的概念，只能相信生命是會自己找到出路的。

女兒出生後，與內人達成了共識，學習對荷蘭人的報導，小朋友不會只顧年幼的，一定會先問好、擁抱哥哥或姊姊，拜訪親友時，會準備對方家庭所有成員的禮物，不一定貴重但就是有。

每週回老家，是輪流交互的先擁抱哥哥及妹妹，上學後，不會在他們面前檢討雙方的成績，因爲一男一女，所以衣物、玩具各自獨有，3C 產品則是年級到了就會準備，例如生日禮物、聖誕老公公的毛襪內，事後提

醒要遵守使用的時間規範。

學習才藝課的第一個交代，不是要他們成爲藝術家或音樂家，而是能夠提高欣賞、鑑賞的能力，坐在一流表演者前面的觀眾，正是創造頂尖藝術家的推手，不管高興或悲傷，藝文可以不離不棄的陪伴著自己。

在老二碰不到的高櫃上，放了一個開放的零錢盒，免得被誤食。告知長子，小一之後是每天給零用金，現在小三了改爲每週給，倘若臨時還有需要，可以告知之後取拿，來不及說，事後一定要讓奶奶或父母知道。

這些安排的考慮是，量力而爲的心智是需要學習的，基本需求夠用但是不會過多，體會自我約束以及避免浪費，期望未來不會被錢財物慾沖昏了頭。

十二~十八歲也是肢體動能操作學習的黃金期，傷口的簡單用藥及包紮、止血點的認識、繩結操作、簡易求生等等，是可以考慮報名有關的暑期團隊。另有居家動線保持流暢無障礙物，外用與口服藥的分開放置，消炎藥品的副作用，門診時主動告知醫生可以自費，例如健保已不給付的胃乳片。

個人認同哈佛大學用二十年追蹤研究的結論，從小就有機會參與家事，尤其是共同完成家務，成年之後在工作上，相對合群願意付出，所以成就高些。

十二歲（小六）的那一個暑假，會提前準備一些容器及書架櫃等等，用兩天的時間，引導小朋友共同整頓自己的房間，安排在旅遊之前更具有說服力。

　　先置放三個大袋子，「用不到、已壞的」就投進去，「一定要留的」放一邊，「猶豫不決的」放另一邊，中間留一個小通道當腳路，隨後填裝歸位，一次下來一天以上。

　　熟到不行的臥房內，觀察如何再安排利用，是重新分析加上心中取捨的練習。可以溝通交換意見，必要時整理打包先移放到陽台，過一陣子再來決定；事實證明「取捨」是艱難的，父母可以建議但無須強加要求，因為可以逐年的探討。

　　經驗得知經過一年過後，放置陽台的東西已覆滿灰塵，不過還是捨不得丟棄，因為那是一個新生命的回憶，三年之後才能淡化些，當然仍持續放在原處，父母在協助的過程中，也會感受到小朋友不同的個性和偏好。

　　上述的運作，不正類似「零基礎預算」編列，或者重新檢討組織架構時，所會遭遇的取捨抉擇的問題嗎！一年一次到十八歲，也只練習了六次，但卻會影響新生命的一生。

女兒十二歲時，告誡哥哥不可以再隨意進入妹妹的閨房，因為妹妹長大了，有事敲門就在門口談，爸爸也比照辦理；同時告誡女兒，長大了，不可以隨意進入男生的房間，早上要出自己的房門之前，請先整理一下頭髮及適當的衣著，房間也要一稟以往的定時整理，這類似一個人的內在美。

　　十二歲開始，刻第一顆印章，開第一個銀行帳戶，也讓小朋友體會簽名的重要性；上餐廳可以點一道喜歡的菜，在這之前，是長輩吃什麼就跟著吃，不能挑食，包括去吃路邊攤、黑白切，自助餐就例外了。

　　十二歲開始，分次逐步的教導及操作，包括正確使用打火機、瓦斯爐，煮米飯、學習蛋炒飯，居家總開關、消防設施，屋頂居家用水的總開關位置，燈泡換裝、洗燙衣服、打領帶等等。

　　十二歲也是可以坐在副駕座，看到前方的路況，同時說明行車的交通規則，路況的多變性，違規的危險性；利用假日或寒暑假，從參與預約或現場購票，搭乘各式各樣的公共交通工具，安排離島、環島或者出國旅遊的開始。

　　老二就只好提前跟遊了，由近而遠安全性高的國度是首選，其他的地方則是隨著小朋友成長之後，可以去

自行建構的美麗目標，這個留白是重要的。

　　上述這些操作是需要環境、時間來練習養成的，目標是 18 歲成年以前，具備獨立處理生活事務的基本能力，這些觀念習慣會跟隨小朋友一輩子，而且會再傳遞給他的下一代。

　　到十二歲止內人是每週兩~三次，持續唸故事書給小朋友聽，也非常看重學習的成績，而我個人則是重視生活作息的習慣。

　　曾向內人說明，一位導師，最多指導三年就功德圓滿要換手了，可是父母和孩子是互動一輩子，家庭的教養，肯定比學校來得長而且重要；具備勇氣與責任感，能夠妥當處理自己的衣食住行，擁有一技之長自食其力的成家立業，不要成為社會的負擔，這才是家庭社會整體教養的最終目的。

　　身處二十世紀末期的父母，是人類史上第一次，遭遇比鬼魅魍魎更厲害的 3C 商品和網路系統，是全天候不間斷的穿牆透壁滲入整個家庭。

　　面對誘人的 3C 商品，學習美國人的「乳名」及「英文名」派上了用場，當改為輕喊或高喊「中文本名」時，小孩會感受到大人情緒的層次是不同的，再不行就數一數二數三，可快可慢可中斷，除了給予小孩子緩衝

的時間，更是緩和即將衝動的自己。

　　耐心的找到一次，數到三仍停不下來的情境，那就必需有一個不會傷害到小孩身體的懲罰方式，前提是已多次提醒及警告的行為，情境是明確而且嚴重的，最多只要執行三次，大約落在三歲，六歲及九歲，就可以建立一二三的權威性，宣示這是當下自己可以容忍的最底限，小朋友切不可頂碰到。

　　小孩的成長過程中，有一位長上扮演權威的黑臉角色，建立最後一道行為準則的紅線，長期的觀察與執行，結論是需要的；嚴父慈母或嚴母慈父，爺爺、奶奶在尊重權威之下，事後能投以關愛，這正是小朋友的情緒渲洩口，教養互動能有緊、有鬆才會是圓滿。

　　發現電腦遊戲已不是單機，是進化到兩隊多人在網路上互打時，瞭解到倘若臨時切斷脫隊，真的是情何以堪，以後還要不要作人？！

　　因此多一個動作，先詢問是打團隊的嗎？

　　確認之後，先「提醒」有點久了喔！而不是馬上念一二三，小朋友會自己調整的，當然還是會逾時，再輕輕的追問，差不多了嗎？過了一陣子再提醒，不要逼我唸一二三喔，自己說，還要多久時間？……

　　這是慾望與理性的拔河，是一個成長的過程，自己

摔過東西但不是砸人，是刻意找沒有人的地方去丟，沒打過小孩，對小朋友最重的責罰是斥責後面壁罰站，配套措施是依情節輕重，叫小朋友自己數數到 50 或 100，就可以自行解散，隨後奶奶或母親就會去開導及安撫。

也因此被封號「很會唸」，其實是自己也要情緒的轉移，不能動手那就動口了。還好在家的時間不是很多，要不然小朋友就有得受了，所以爸爸不一定要天天回家吃晚飯，夫妻也不必天天膩在一起，恰當就好！

小朋友十五歲以前可以用「要求」的心態，十五歲開始，自己需調適成「提醒」的心態，這是需要時間來適應的。調適的期間，子女會感受到這個偶而產生的小小改變，求學期間的言行舉止不要脫序太大，能在常規的雙軌之間行進就好，有個區間的緩衝，無須像在走鋼索一般。

往昔協助小朋友學習騎腳踏車，扶把手、握車座累得要命效果又差，幾次之後才想到，直線踩踏時，只要在後面輕扶著小朋友的雙肩，哪邊傾斜就出力扶哪邊，直線前進會了，短距離重複的練習煞車，直到喊煞車，小朋友會準確的反應之後，就可以嘗試放手讓他進行較長距離的繞行。

如同少棒、青少棒、青棒到成棒，不同階段的管

理、訓練的概念及方式，是不應該完全相同的，這是包括教練、團體三方面都要去調整的，這樣才是親子之間，包括夫妻相處的動態美學，生命最後是要靠自己來提昇，小孩如此，自己何嘗不也是如此，承先啓後教學相長，正是人類文明當中最美的元素。

是啊，大家都是新生命的協助及引導者，但不應該是主導者，長期來看也主導不了，生命確實是獨立的個體，也必須爲自己的選擇去負責，包括 DNA 的組合，在執行與探討的過程當中，自己也才會更趨向成熟。

子女進入大學之後，內人放鬆了，我反而要求提供課程表，告訴子女說，可以避免早上第一堂課的遲到，也讓父母瞭解上了什麼樣的專業課程，同時換你們來教教父母增長視野，這也是一個家庭，培養小孩上大學的意義及內涵之一，整個家庭才會跨領域的共同成長。

棒球、藍球甚至網球，是在陪伴長子觀賞時，聽他分析而成長的，同時也驚覺「海角七號」的演出者，在金馬獎頒獎典禮表演時，樂團走了音，兒子、女兒都聽得出來，可是我卻混然不知。

至此心中很是欣慰，小學到國中才藝學習的投入，現在看到了成果，也豐富了子女自己的生活內涵。

經過二十多年的實務運作，確認子女在求學功課、

幫忙家事、休閒娛樂，是可以找到平衡點的，也發現，人的個性與資質在出生之後，似乎就有著不同的傾向，教育可以引導但是有其上限。

粗枝大葉的個性傾向，需提醒留意細部動作有頭有尾，細緻敏感傾向的，則需引導懂得放鬆來取得平衡。在這個強調創新、挑戰自我甚至隨性的時代當中，過與不及的拿捏，確時比以往的任何年代都來得困難，年輕學子碰壁、浪費時間的機率也增加很多，「避錯而不是怕錯」則是他們持續要去體會的。

生命是站在自身成長的基礎上來思考看待的，與物質條件有正相關，但又不是唯一影響的因素，不要說與父母成長的基礎比較，即使手足之間都會有所差異，加上個性的不同，發生委屈或挫折感時，會產生各自定義及解讀的現象，能夠跳脫出來的溝通是必要的，但是談何容易！

階段性目標的設定、個體與群體之間的動態平衡，虛擬網路與實境生活的切換認知，將會一直挑戰著他們這一個世代，幾乎可以確認，平撫平衡心緒的具體方法，比起往昔的任何世代都更加的迫切需要。

佛家講「緣起」，夫妻結合孕育子女，成就一個家庭的過程中，因知識產生的觀念，運用在子女教養的生活

實務中，這對子女而言，是不是就是「緣起」？

倘若是，那緣起是隨時都會發生的，只是緣起的能否成就？可能比你我想像的要複雜很多很多。

藥師經及普門品中分別提到，對於生育子女願望的護持，正展現諸佛菩薩是樂見也祝福男女成家養育下一代的。

維持一個家庭是不容易的，是成就也是無上的功德。因為「家」就是從無中生有，要昏頭的大膽執行加上悉心的呵護，否則也會從有中變成無。

過程當中，讓你飽嘗世間的酸甜苦辣，體會如臨深淵如履薄冰的「甜蜜壓力」，在現代社會中，也是很好的一條修行之路，說困難嘛，養家活口天生天養這檔事，其實人類已經運作了幾百萬年，差別的只是家庭的內涵而已。

八、確定自己真的改變了

　　歷經近四十年，在走出自己的綠色心道之後，隧道口的亮光果然溫絢，充滿著對未來的期待。種種的想法以及堅持，不管是對是錯，都是逐次的一個選擇，自己都要去面對承擔，直到正向改變的抵達出口時，回顧過往才會覺得都是值得的。

　　生命是如常的在行進不會停歇的，而步調是可以放慢，但不是停頓，起心動念是無時無刻無所不在，「隧道」也是隨時可能再出現，時時勤拂拭是需要的。

　　仍然會產生糾結心，不過持六字大明咒或者讀唸藥師經，蠻快的就能鬆開心緒，時間縮短了很多，深知自己，如同一台引擎大修過後的老爺車，部件可以保持平衡能動能跑，就應該要感恩了。

　　諸多人士，其實不必也不會像自己這般，耗了這麼久的時間、繞行這麼多彎道、走過這麼多的迴路，因為每一位個體的先天條件以及後天努力，確實是有差別的。這正是老天爺賦予一輩子的功課，題目個個不同，但是都有「不限次數」補考的機會，在死亡之前能夠體悟回答，就可以六十分及格了。

人生苦短這句話，應該是站在順境的綠燈路口，只要街口是亮著紅燈的逆境，你就會發現，其實每過一秒鐘都是很漫長的，人類的感官感受真的是非常奇妙。

　　在閱讀漢傳佛教幾本經典，以及聽聞尊者達賴喇嘛在網路的開示之後，現階段，對《般若波羅蜜多心經》的體悟略述如下：

　　觀自在菩薩，在進入到般若波羅蜜多狀態時，體悟到五蘊的本質也是空的，是毫無苦厄的殊勝感。

　　跟舍利子分享說，

　　色相和空性是一體的兩面是會相互影響的，其他的感官意識也相同，都會有感覺也會有反應，但是最最核心的極細微部分，有作用但卻是沒有物質，找不到，是空的。

　　各類的物種，不同空間的有情眾生，全部都有這個現象，而且是不生不滅、不垢不淨、不增不減。人體從臟器、神經系統的各種感官及行為，包括思想和意識，追究到最深、最高、最細微處，是沒有物質，是空的。

　　這個無始的作用（光明），是超越人體的神經感受，例如視覺、聽覺、嗅覺、味覺、體覺、行為及思維；這個無始光明，是在人體的意識及無明之上的，但是卻會和無明相互牽動，也沒有老死的問題，可是在軀體老朽

139

之後，這個光明也會轉換的。若能依序體悟苦諦、集諦、滅諦進入道諦的階段，就會確認這是一個真理事實。

有情眾生，全部都是處在修行的路途當中，大家正往生命的終極目標在邁進，能俯觀至此，不再執著所謂智慧與得失的問題，最終能夠放下，如此就是明心覺悟了。

在體悟眾生皆有空性（法性）之後，自然沒有了罣礙及恐怖，也遠離了雜思、無明可能的負面牽動而再走回頭路，在明確的目標及路徑上直行向前，最後一定會超脫煩惱痛苦，跳脫六道輪迴的。

三世諸佛，都是以般若波羅蜜多為目標，分階段，找到適合的路徑前行的，最終才證悟了阿耨多羅三藐三菩提的正覺境界。

所以，進入般若波羅蜜多境界時，自然能放下一切苦、苦不為苦，這是真的，我現在體悟到了。提昇增上的過程是：

揭諦揭諦，波羅揭諦，波羅僧揭諦，菩提娑婆訶。

雪山隧道讓我重生

觀自在菩薩道出了般若波羅蜜多的至高境界，是在告訴大家，這是「真理」值得去追尋，而且是做得到的終極目標，因為祂做到了。

　　觀自在菩薩有說，你這輩子就要達到祂的這種境界嗎？

　　看來觀自在菩薩更強調的是「方向性」與「階段性」，需要一步一腳印的走。

　　這一世就要修得正果，看似立志激勵，但另一個面向，是否也是大貪心？！建議思辨一下。

　　個人在實務上的觀察，每位人士階段性的「波羅蜜多」是有遠有近，中途也可能倒退轉向的。

　　學生、家長、老師、政商人士、軍公憲警特消、勞務提供者、藝文創新、發明工作者、遊民等等，各自面對眼前的生活，當前的生命目標是不可能一樣的。

　　例如一無所有時，開口閉口可以分享，一旦擁有，卻退轉成深恐失去的波羅蜜。同一位人士在不同的時空環境當中，下一個彼岸是會改變的，這才是人類常態性的變化以及進退的過程。

　　微軟比爾蓋茲（William Henry Gates Ⅲ）從不僅是自己公司要活，還要對手死的絕對狼性，在 2000 年成立基金會（BMGF），2014 年辭去董事長之後，全力投入健

141

壹、走出自己的綠色心道

康、教育、脫貧的「慈善」波羅蜜多。

　　已故辜顯榮先生以及王永慶先生分別向子女提到，大意是，所賺得的錢財，其實是因機緣而來、是向社會借的，要記得回饋給社會。這是他們臨終前遵循的「回饋」波羅蜜多。

　　因人而異的階段性波羅蜜多，是進步進化的過程，都是各自選擇的路徑及目標，只是期盼最後最後能夠殊途同歸的證悟「般若」！

（一）從藥師經的省思談起

　　「經」這個字，在當今台灣社會的觀念，是崇高不可質疑的，可是南宋時期的「促織經」卻是研究蟋蟀的專著，所以「經」這個字，在古代的用法，類似當今的「研究報告」或者「心得報告」。

　　佛經是因為受到「護持」所以位階才會不同的。

　　達賴喇嘛多次強調，對於經典所述，需要反覆的思考及辨證。佛法是真理，就經得起現代科技的探討和檢驗，所以主動配合科學研究，例如腦波訊息。

強調釋迦牟尼佛是唯一的一位教主，允許跟隨者質疑或挑戰的。也說，在現代教育、數學出現之前，很長的一段時間，僧侶是負有社會教化的責任。

已故曾仕強教授提到，傳統諸子百家的門生，會旁註、會編寫但是不一定會留名，在當時這是尊敬隨附、不敢逾越的舉措，與當今著作權的觀念是不同的。

另提及孔子就是因為太被誇大了，所以迄今的塑像仍然要站立著，承受風吹日曬雨淋而無法休息，其他人起碼還是坐著。

以此推論，佛經中落款的譯者都是一代宗師，也有「奉詔譯」的字句，代表是皇室出錢出力協助的，所以傳世迄今的版本，應該是已經多所編輯。

個人相信救脫菩薩不認識孔子的，讓我糾心唸不下去的八個字是，不孝五逆、壞君臣法，這是儒家的論述。

「漢化」的傳世佛經中，被編入儒家的社會思維，鞏固皇權的敘述，細說地獄的景象，也就獲得了理解，解開了自己心中的納悶糾結。

2006 年左右吧，媒體報導北京故宮在大整修時，一棟宮殿屋頂正上方圓弧黃色琉璃瓦內，置放了「藏文」的經典，當時納悶為何不是漢文版？

現在瞭解，除了和皇室信仰的淵緣以外，推論是有其他的因素造成的。

佛祖陳述藥師琉璃光如來的十二大願、觀世音菩薩的大威神力，一開始個人是存疑的，質疑是錯了嗎？就會下地獄嗎？

現在認為，不是的，這正是思辨求證的必要過程，想都不敢想，反而阻礙了進一步探討與提升的機會，尤其是非佛語、非佛所說的片段或章節。

即使如此的被編輯，為什麼持咒唸經仍然會有「相應」的感受呢？個人目前的理解如下：

《佛說阿彌陀經》中談及：

說誠實言：汝等眾生，當信是稱讚不可思議功德，一切諸佛所護念經。

舍利弗！於汝意云何？何故名為一切諸佛所護念經？

舍利弗！若有善男子、善女人，聞是經受持者，及聞諸佛名者，是諸善男子、善女人，皆為一切諸佛之所護念，皆得不退轉於阿耨多羅三藐三菩提。……。

《地藏菩薩本願經》中：如來讚歎品第六的末段：

閻浮眾生於此大士有大因緣，是諸眾生聞菩薩名、

見菩薩相、乃至聞是經三字五字，或一偈一句者。現在
殊妙安樂……。

校量布施功德緣品第十中後段：
復次，地藏！未來世中，若有善男子善女人，遇大
乘經典，或聽聞一偈一句，發殷重心，讚歎恭敬、布施
供養，是人獲大果報無量無邊。……。

唸經、持咒之所以會相應，除了聲韻頻率的波動以
外，是諸佛菩薩有在「護持」的原故，誠心的一佛號、
一句一偈，也會受到慈悲護祐而感受到妙力。

藥師琉璃光如來展現的是，十二大願是經過檢驗，
證明是可行的解決方案，所以阿難尊者回答佛祖說，不
生疑惑。

佛祖開示，是經過驗證，確實有這樣的大願及大神
力。

但不代表就要處處展現，所以普賢菩薩說明需要
「恆順眾生」，隱含不強加介入眾生的因果，而是提供方
便之門來引導教化，護持眾生自己來化解，必要時才協
助減輕壓力，超長期來看，認為才是圓滿的方式。

有一位擁有類似藥師琉璃光如來以及觀世音菩薩的

大願和大能者，在人世間充分的展現之後，引起了統治者的關注、同族的舉報，招致血腥的阻止殉教者眾，歷經三百年才陸續被認可成為合法的宗教，這位教主就是耶穌基督。

「選擇」不是僅限於你我，大智大願大能者同樣是會面臨的。

《藥師經》中第二大願：

願我來世得菩提時，身如琉璃，內外明徹，淨無瑕穢，光明廣大，功德巍巍，身善安住，焰網莊嚴，過於日月。幽冥眾生，悉蒙開曉，隨意所趣，作諸事業。

第八大願：

願我來世得菩提時，若有女人，為女百惡之所逼惱，極生厭離，願捨女身。聞我名已，一切皆得轉女成男，具丈夫相，乃至證得無上菩提。

第十大願：

願我來世得菩提時，若諸有情，王法所錄，繩縛鞭撻，繫閉牢獄，或當刑戮，及餘無量災難凌辱，悲愁煎逼，身心受苦，若聞我名，以我福德威神力故，皆得解脫一切憂苦。

「普門品」中片段：

若有持是觀世音菩薩名者，設入大火，火不能燒，由是菩薩威神力故。若為大水所漂，稱其名號，即得淺處。

若有百千萬億眾生，為求金、銀、琉璃、硨磲、瑪瑙、珊瑚、琥珀、真珠等寶，入於大海，假使黑風吹其船舫，漂墮羅剎鬼國，其中若有乃至一人稱觀世音菩薩名者，是諸人等，皆得解脫羅剎之難，以是因緣，名觀世音。

設復有人，若有罪，若無罪，杻械枷鎖，檢繫其身，稱觀世音菩薩名者，皆悉斷壞，即得解脫。

上述的經文敘述，讓我感受到諸佛菩薩，是樂於護祐娑婆世界，從業生財以及居家幸福的，對當時的女性，受到不平等對待的社會氛圍，所設法令，包括執行上可能產生的冤屈，祂們是有感的。

救脫菩薩提到九橫死時的一段：

又信世間邪魔外道，妖孽之師，妄說禍福，便生恐動，心不自正，卜問覓禍，殺種種眾生，解奏神明，呼諸魍魎，請乞福祐，欲冀延年，終不能得。

這些現象到當今仍然是存在的，嚴重程度有別而已，是值得自己警惕的，不過「外道」二字的編譯，個人認為就區分出「內」與「外」了。

鬼神、魍魎當時有在現場聽法嗎？

經典開頭的描述，當時的場面是八千人俱加菩薩三萬六千以外，還有無量大眾恭敬圍繞。

救脫菩薩的外道說法，是否產生「往外推」的排斥效應？編改成「歪」字是否恰當些？因為這段的敘述與開頭十二大願的情境，其實是不相同的。

2020 年末，看到最新翻譯編輯的書卷，「外道」後面用括號註明「非佛教」的字句，代表當代的編譯者已經留意到這個問題，感覺舒服多了。文章譯自

達賴喇嘛引經據典的提出，心經中的「五蘊皆空」，要加一個「亦」字，「五蘊亦皆空」個人是認同的。

另有一句：然燈造幡，放生修福，令度苦厄，不遭眾難。身處現代社會的「放生」是不是「修福」？這是值得探討的。

狩獵畜牧的時代放生是善舉，當今的顧慮是，被放生的動物要如何生存？生態環境可能被破壞的問題，簡言之，經過兩千五百年之後，先進國家的人類社會，已

雪山隧道讓我重生

經超越救脫菩薩的那個時代，祂若有知應該是隨喜才是，大和民族日本「摺紙鶴」的習俗，是值得探討參考。

你會下阿鼻地獄的！這句話類似詛咒。

如今的感覺比較認同藥師經中，阿難尊者回答佛祖的詢問，汝爲信不？中的一段，「由此不信，返生誹謗，彼於長夜，失大利樂，墮諸惡趣，流轉無窮。」

這是中性的陳述，人的思維心緒，差之毫釐會失之千釐，倘若一直沒有調焦修正，長期累積下來的心念磁場和行爲，除了無助舊因果的化解，也會再造新的因和果，最終最終抵達的地方當然也會不同，並不是佛菩薩有意在懲罰誰。

地藏經忉利天宮神通品第一中的問答，

聖女問曰：我今云何得到獄所？

無毒答曰：若非威神，即需業力，非此二事，終不能到。

所以請不用詛咒他人，你不會因爲他下了地獄就變得更好，反而請持咒唸經好好關照自己的心緒，然後以柔軟的心來思索因應之道。

達賴喇嘛與聖嚴法師不約而同的也都提到，當有嚴重紛爭的時候，就訴諸「人間法」來解決。聖嚴法師甚

至強調，不一定都是累世的因果，有可能就是在這一世才發生新的因和果！

「人間法」的說法，其實正代表佛法的探討是「人心」，並不包括當代社會的政治制度、法令設定、科技研發以及科學管理等等面向。

諸佛菩薩是尊重「人間法」的，畢竟是在人界，也企盼能夠持續提昇優化。

達賴喇嘛提過，碰到問題，是要想辦法來解決，這個時候只是念經是沒有用的。也說，菩薩慈悲，但是仍無法讓人間免於災難。

地藏王菩薩何時才能成佛？這是堅牢地神都向佛祖提出的問題。

現在的感觸地藏王菩薩所展現的，對於自己的選擇，能夠不離大悲初心，沒有追悔、不退轉，持恆從願而行，單單不追悔、不退轉，就已經夠強大、夠偉大了。試問自己，在不同階段所面臨到的內外環境，有比地藏王菩薩的工作環境更惡劣的嗎？

（二）沒有了「無明」是人嗎？是眾生嗎？

推論無明涵蓋的範圍，包括呼吸、心跳、飢餓感，不是只有思緒、性慾望而已，所有的物種都有，也必須有，在不同空間的法界眾生，形態雖然不同，推論同樣具有無明。

讓自己增加理性的主導權，猶如油與水放置沉澱之後，互相依存又互不相干擾的平衡運作，最後液態水蒸發而去留下脂肪，是比較貼近的比喻吧！？

受教心經的舍利子，當時是娑婆世界的人類，而觀自在菩薩則已無肉體，他們竟然可以跨空間的面對面溝通，事後還能記錄下來，進一步翻譯成漢字，翻譯過程中，除了意涵也要兼顧音韻，更要獲得諸佛菩薩的認可加以護持。

舍利子以及一旁的核心佛弟子，絕非泛泛之輩，編譯者需要具備的條件，可能比現代人所理解的還要多很多。

經書上所提到的也可以佐證，聽聞佛法的信眾範圍包括法界眾生，所以唸完經咒之後，除了供養以外，最後還要迴向給見聞者或者有情眾生，有些經典，則是要在適當的場合、恰當的人士來唸誦。

151

據此推論，要進入佛門的專業修行，是需要擁有「先天條件」的，當成淨化場域或是避難所也可以，但就只能短期為之，因為塵緣未了只能暫居。

漢傳佛教法鼓山大堂所立的「開山」石屏，個人是覺得花崗岩硬，很難開甚至打不開，而沙積岩則是一開就會坍塌，會垮多少不知道？能夠看出成分，因材施作的人士才是行家，專業的修行何嘗不是如此。

重點是有沒有先看清楚自己是誰？「自知之明」是最難的，操過頭容易受傷挫折，操不夠是可惜也容易形成怠惰。

如同學習音樂，都會進步，但是音感、音韻的核心人體條件，是努力不來的，動態的如舞蹈、各類運動項目，包括格鬥、拳擊等等也類似。

決心與努力，是所有行業都需要的基本要件，努力當然會有收穫，殊不知每一位個體的特質真的是不相同，同樣起跑，長期行進下來，程度是不會一樣的。

青年時期曾跟隨過章嘉國師的淨空法師曾說明，鼓勵老實唸經，淨土宗所採用的唸經修行，也許境界不是最高，但是相對安全，比較不會產生嚴重的後遺症。

又說，藏傳密宗是在「濁中修行」，想要達到最高階段，不是上天堂就是下地獄，是沒有中間的。

大乘佛教是「避濁清修」，選擇在清淨中修行，所以自己有自知之明，這一世是不會去挑戰的，所以選擇修大乘不敢修密。

　　是啊，現在個人可以體會淨空法師強調「老實唸經」的內涵，並不是每一個人都適合從打坐參禪入門的。

　　也可以感受到「起心動念」的定義及範圍，要達到「不」起心動念，以自己的資質及經歷，這一世的時間確實是不夠，不要下地獄就好了。

　　持咒唸經、反覆思索求清淨，當身心達到一個程度，放下經咒也能清淨，這是一道去污的過程並不是用求的，是強求不來的，而是「身」與「心」會告訴你自己，只是沒有人知道需要多少時間。

　　大致瞭解金剛經中：

　　爾時，世尊而說偈言：若以色見我，以音聲求我，是人行邪道，不能見如來。

　　只是納悶編譯者，需要用「邪」這麼強烈的字眼嗎？

　　是不是他覺得太重要了，必須這麼的強調？！

　　「歧道」來形容是否恰當些？

《金剛經》提及：

須菩提！忍辱波羅蜜，如來說非忍辱波羅蜜；何以故？

須菩提！如我昔為歌利王割截身體，我於爾時無我相、無人相、無眾生相、無壽者相；何以故？我於往昔節節支解時，若有我相、人相、眾生相、壽者相，應生瞋恨。

須菩提！又念過去，於五百世作忍辱仙人；於爾所世，無我相、無人相、無眾生相、無壽者相。

不是「忘掉」而是「放下」，放下並不代表忘了。

因為體悟到生命最深入的本質是空的特性，瞭解行為展現的色相是瞬間、是無常的。即使面對凌虐的生死苦痛，心緒依然能夠做到不為「相」所拘所束。

喔~這是何等難以理解的身心境界？！

放下與忘掉是不同的層次，仍然記得不代表就放不下，芸芸眾生在日常生活中，如何能夠成就如此的身心境界？迄今，我無法體會。倒是「放不下」所造成的衝擊層面會有多大多深，則是點滴在心頭，所以善知識才提點先要「去我執」。

《金剛經》中說明：

是故，須菩提！菩薩應離一切相，發阿耨多羅三藐三菩提心；不應住色生心，不應住聲香味觸法生心，應生無所住心；若心有住，則爲非住；是故佛説：菩薩心不應住色布施。

無相的大悲心大慈心，推論正是菩薩需要參透的，如此才能避免反作用力，能夠恆常的行進布施，個人迄今當然是無法體會，那是怎麼樣的一種身心狀態。

對照個人，曾經主觀的認爲太不合理、太邪惡、太殘忍的人事物，一著心就作出激烈之舉，甚至揚起不想再包容、不再當好人的意念及行爲，現在瞭解在層次上是落差很大的。

對於「無明」的詮釋與化解，因爲語言、文字、習慣的差異，聽聞者是會產生不同面向的理解，起心動念的展現，不代表就會產生糾結，而是貴在心緒快速平衡的能力。

這很難懂，很深奧嗎？

「夫妻不吵隔夜架」不就是具體的基礎練習，「身教」就是這般的單純易懂但卻是不容易！

（三）「恆順衆生」是慈悲還是鄉愿？！

恆順衆生應該是「陳述事實」是「推廣的原則」，類似進行科學研究，必須始於研究的主題、定義範圍之後，再以恰當的方法來依序進行。

在隨順衆生不介入因果的原則下，諸佛菩薩是大悲心的造門開窗來引導，逐層、逐次的化解清淨直入其心，也許效果比較緩慢，但是全面、副作用也低。

普賢行願品述及恆順衆生中提及：

譬如曠野沙磧之中，有大樹王，若根得水，枝葉華果，悉皆繁茂，生死曠野，菩提樹王亦復如是。

一切衆生而為樹根，諸佛菩薩而為華果，以大悲水饒益衆生，則能成就諸佛菩薩智慧華果。何以故？

若諸菩薩以大悲水饒益衆生，則能成就阿耨多羅三藐三菩提故，是故菩提屬於衆生，若無衆生，一切菩薩終不能成無上正覺。

這正是與一神論宗教的核心差異，一是輪迴轉世，一是造物者創造生命。

述及九者，恆順衆生中：

種種承事，種種供養，如敬父母，如奉師長，及阿羅漢，乃至如來，等無有異，於諸病苦，為作良醫，於

失道者，示其正路，於闇夜中，爲作光明，於貧窮者，令得伏藏，菩薩如是平等饒益一切眾生。……。

　　恆順眾生也隱含了佛法的弘揚，是需要具備專業能力，契合當時的社會型態、法令來引導推進，能夠遠離貧病，對未來抱持希望是重要的。

　　佛法是以「探討生命的終極價值」爲範圍，恆順眾生是進行的原則，不同感官型態、意識、行爲的有情眾生，都是位處在到達終極目的地的「路途」當中，有遠有近而已。

　　需要親身去體悟、證明，因爲探討修正的就是你自己，跟自己比，不是跟他人比較。個體不同、空間不同，語言、文字、風俗習慣不同，在與佛法互動之後，產生相異的風貌，其實這才是正常合理的演變過程，同時避開因爲急進可能引發的衝突。

　　南傳佛教、藏傳佛教、漢傳佛教的各有特色，獲得了理解。

　　觀世音菩薩需要變換多種形像渡世，也得到解釋。佛的方法，只有體認、驗證的問題，並沒有背不背叛的問題。

　　當把「素食」與「慈悲」連結起來推廣的同時，也

造就了排他性、唯我獨對的效應。

　　關鍵應該是有無浮華浪費，尤其是食用之後的生命，是去做了什麼事情？

　　基督徒三餐飯前的感恩禱告，藏傳佛教六字大明咒的迴向，這些方式具體提供了解決方案。

　　茹素若是有利於修行，也是願力的一種執行方式，那沒有許願、不參與專業修行或者重要法事的大眾，包括居住在無法生產疏菓地域的人士，是不應該被無端的貼上標籤，何況人類真的全部素食，有那麼多的供應來源嗎？

　　曾經聽到一位父親的訴說，小朋友因為在校只有素食，整個人都瘦了，休假返家，最高興的是爸爸帶去吃漢堡，狼吞虎嚥的。

　　募款建校之後，僅提供素食給未成年的學童，沒得選擇，這已是莫視生命是獨立個體，剝奪了在合法下自由飲食的基本權力，這真的是慈悲嗎！？

　　民意代表及教育當局，當在關切公營學校的營養午餐之時，對於某些教派成立的私校，長期在飲食樣式提供上的問題，是否可以考慮訂定原則來規範呢？

　　個人認為台灣的民俗信仰有幾個特色：

　　「敬鬼神而遠之」祈求鄉里安寧，鬼神是各有專長

雪山隧道讓我重生　　　　　　　　158

及責任區分的，並不會過高的企望，安靈則是認為人鬼殊途，同理心的安頓之後，能夠互不干擾。

「三人行必有我師」，不會死命的堅持，會在檢視之後，學習好的適宜的，揚棄不恰當的觀念習慣。

慎終追遠，感恩回饋，盡人事聽天命，七分靠努力、三分天註定。

添油香是使用了宮廟準備的香燭，希望互不相欠，若自備，就可以不用添油香，「還願答謝」也是希望互不相欠。

宮廟是請老人家幫忙看著，乩童是兼職的，平常都是投入工作謀生。

一座知名宮廟，還定時的廣播，事情忙完再來參拜才是對的。

老奶奶自己茹素，不管是早齋、初一十五齋或全齋，並不會要求家人配合，尤其是孫子輩；因為她知道，子媳勞動需要體力，小孩子的成長，也是需要足夠的營養才會健壯的。

這些綜合儒釋道三家，以簡單的口語傳承而且融入日常，要信但不要迷、同理心的包容，首重居家以及常規的工作，民俗信仰的核心精神與社會底蘊，成就了當今台灣的各大宗教及教派。

有意思的是，明明是主張敬鬼神而遠之的儒家哲學宗師孔子，卻被台灣的某些宮廟，立金身當成神明提供參拜，個人目睹之後，實在是拜不下去！

　　道術趨吉避凶的歸納演算，一命二運三風水四地理五祖源，符令是救急先安住，包括奇門遁甲在內，倘若是運用在與天爭命、與天爭財，不是無效就是要承受很大的副作用，類似存款不足提前透支，最後還是要償還的。

　　諸多的術法，是無助於當事人價值觀的建立以及糾結無明的爬梳清理，產生最低的副作用是容易疑神疑鬼。倒是「收驚」個人建議，幼兒非病痛的哭鬧、車禍事故之後、凸兀的多次受到驚嚇，是可以考慮去收收驚的。

　　民俗信仰中認為紅包，可以化解提供協助人士，免於受到牽連，例如山區救難、海上救援等。另有祭改去霉運或是進入喪家上香，離開時在習俗上是「不說再見」也「不回頭」的。

　　身處當今社會，建議留意自律神經系統的相關症狀，當自我調適兩三個月仍有異常，還是請先尋找專業醫師進行協助，其他細微的部分再逐步來化解。

　　普賢十種廣大行願中，一者禮敬諸佛、二者稱讚如

雪山隧道讓我重生

來、七者請佛住世，在在顯示，諸佛菩薩須要一定的因緣才會降臨，降臨之後也會因為某種因素而離去。

地藏經校量布施功德緣品第十中段：

復次，地藏！若未來世，有諸國王至婆羅門等，遇先佛塔廟或至經像，毀壞破落，乃能發心修補；是國王等，或自營辦，或勸他人乃至百千人等布施結緣；是國王等，百千生中常為轉輪王身；⋯⋯。

塔廟、經像，為何在千年以前，就有毀壞破落的情形呢？

可能是戰亂或者天災，也可能是後繼無人而敗壞？

千年以前的社會結構，只能鼓勵王公貴族挺身而出，可是身處當今自由資本的科技社會，信眾的資源是可以成就一個教派王國的，百年來社會的更迭發展，已經超越過往的千年。

「大願」就是蓋大廟、塑大佛，幾十年下來的台灣，寺院宮廟已是城鄉山林紛立，人力的管理觀念、公部門的法令規範相對落後；也因為跟不上，各式各樣新立的宮廟、身心靈輔導的組織，如雨後春筍般的出現，無止盡的募款，一些單位又想方設法，迴避公部門暨社會的監督。

高舉信仰自由、隨順眾生的大旗，改天人去樓空，棄金身於不顧，又延伸造成「流浪神像」的問題，大和民族寺院的鳥居還願，似乎有著後發先至的圓滿。

　　1971年成立的高雄龍發堂，住持釋開豐在2004年圓寂坐缸，個人是非常佩服的，沒想到在2018年被強制解散就是一例。

　　就因為真的是不容易，所以不是隨便的人士，想接手就接得起來的。功德圓滿自己走了，但是大家關切的是，遺留下來的建築、金身像、組織，要如何來善後處理呢？

　　另一個角度觀察，也突顯科技文明在有效解決貧病問題之餘，人心卻沒有同比例的獲得應有的自在，如何找回自在感？是當今富裕國度的民眾，需要回過頭來探討的課題。

　　鋪橋造路、捐設學堂，也是華人千年以來視為行善的壯舉，因為處在家天下的農業社會，很多基礎設施，公部門是做不到的。

　　21世紀的台灣有別於過往千年，學校已多於學生，面臨合併或廢校，山區公路太多，憂心影響山體林木以及野生動物，大都會的橋梁太過密集，也會顧慮洪水來襲時，河道來不及渲洩。

當今社會想要行善積德，是需要比以往更用心地來觀察探討之後，再擬定執行的方式，繼續扮演公部門與社會之間的潤滑輔助功能，這個現象是好事，代表整個國度進步也更圓滿了。

　　何明德行善團 2002 年開始，會員每月 100 元捐款，創辦人以造橋舖路、施棺為宗旨，事績受到報導及肯定，2018 年增列自由樂捐不限金額，原因是物價上揚，也未申報不受政府監管，即使是家人親屬接手管理，仍然受不了新台幣 9 億多元的誘惑，檢調接受舉報後介入調查。

　　捐款人請省思，自己是在行善還是在考驗人性、引誘犯罪？！

　　與其身後如此種種，各方宗師、宮廟大主持、公益行善團體，何不現在就能主動敦促主管機關，召集各方人士、學者成立委員會，商研可行的法令來規範監督，設定條件介入輔導或轉型，建立「請神進場」與「送神退場」的機制，好讓後進或者接手處理的人士，有一個可召眾信的法令依據，如此也可以避免劣幣驅逐良幣。

　　其實有心做事卻被質疑誠信，又無準則或適宜的法令可供依循，是一件非常痛苦的事情。進場機制和退場機制包括外部監督，不僅限於政體、企業和家庭，宗教

163

團體也是極其需要的。

　　區分規模大小從申報到提列專戶的準備金，符合環境保護、住宅安寧，勞務提供包括稅務的規範，期盼能為台灣的各個宗教團體，建立一套可招眾信、可長可久的弘揚機制。

　　這種改變跟人體的調整也類似，改變習慣、調整習氣，當然很辛苦也會直覺的反彈，只要確認方向是正確的，就應該修與行逐步的行動，相信才會有圓滿的終點。

　　以恆順眾生的核心思維來推論，相信諸神、諸佛菩薩是樂見的，因為佛、道兩家，本就是慈悲護佑眾生，宣揚知行合一的來追求至善真理。

　　恆順眾生也隱喻了在有助提昇人心的原則下，是具有彈性是動態平衡，也是跨越宗教的。

　　2016 年台灣的競選活動中，已經有候選人，主動公佈募款達標勿再捐款，事後也公開資金流向的具體行動，這正是價值觀的進步，並且落實的執行，個人是深受感動的，隨後也有因各種事件受捐的個人，主動公布停止受捐，這正是好的循環。

　　2013 年 2 月，第 265 任天主教教宗本篤十六世（Benedict XVI）在世退位，是 1415 年教宗額我略十二世

為防止大分裂辭職，近 600 年以來的首位。

2019 年，第 266 任教宗方濟各（Francesco）將梵蒂岡反洗錢機構「國務院金融資訊管理局」接獲 64 件可疑活動報告中的 15 起可疑案件移交檢方，媒體報導致力清理教廷金融交易的一環，讓宗教事務銀行（IOR）運作更加透明。

2020 年梵蒂岡打破了幾項傳統：

發出手冊聲明，規範主教，不應駁回匿名指控，唯有嫌疑人明確不在場證明才能駁回指控，可直接向警方舉報。

主教會議任命首位女副秘書長。

發表支持同性伴侶「民事結合」，隔年三月頒布教令，神父不能主持與祝福同性婚姻，因為同性婚姻可以尊重，但並不符合造物者的計畫。

上述這些改變慣例或制度，個人認為代表梵蒂岡天主教，再一次的深切自省之後，投入具體的改革，這是需要很大的決心與勇氣的！

另有影響宗教信仰的政治事件：

2018 年 5 月唐納‧川普（Donald JohnTrump）領導下的美國，將駐以色列大使館遷至耶路撒冷。

2019 年媒體陸續傳出，中國當局要求宗教團體，必須落實宣導愛黨愛國，甚至拆、炸巨型菩薩塑像、教堂和清眞寺等等。

2020 年 7 月 24 日時隔 86 年，土耳其總理艾爾段（Recep Tayyip Erdogan）繼先前宣佈伊斯坦布爾的聖索菲亞博物館改爲清眞寺之後，領誦古蘭經文。

教宗方濟各（Francesco）在土耳其宣佈之後表示，感到痛苦！

（四）2020 年是華人農曆閏四月的庚子年

新冠病毒肆虐，聖地麥加從 3 月 5 日封閉迄今，

羅馬梵蒂岡第 266 任教宗方濟各（Francesco），在 4 月 12 日打破幾百年來的傳統，採取網路直播主持復活節彌撒，同時呼籲全球合作抗疫，耶城聖墓教堂也關閉中。媒體報導了一句話「震耳欲聾的寧靜」！

雪山隧道讓我重生

尊者達賴喇嘛（Lhamo Thondup）在 3 月 30 日透過文稿闡述，古印度記載三千大千世界成、住、壞、空的循環，呼籲大家不離毅力和勇氣、要以科技與智慧，解決正在面臨的問題。菩薩慈悲，但是仍無法替人類免除災難。

世界各國重要的宗教慶典活動，皆因抗疫的社交距離或者封城措施，全部暫停，因為先前不認為疫情嚴重的國家，集會之後，紛紛產生群聚感染而一發不可收拾！

個人認為宗教信仰與科技生活，就在這場大規模的瘟疫當中，呈現出相輔相乘的分工，從個體、家庭到社會，引領人類抱持著希望走出困境迎向未來。

2020 年 6 月從中國長江開始降下豪雨，一個超大超久的梅雨，七月中下旬，部分雲層延伸到日本九州熊本、韓國釜山，所到之處瞬間淹水成災，之後發生的颱風、颶風，所到之處都造成該區域嚴重災情；同年肆虐的非洲蝗災、跨洲的森林大火，全球幾無淨土。

2020 年 10~11 月中美衝突加劇，習近平（Jumping She）沒有指定接班人，同年 12 月俄羅斯普丁（Vladimir Vladimirovich Putin）簽訂總統終身豁免權，川普（Donald JohnTrump）不服氣在連任競選中落敗。

2020 年 12 月下旬，北極原發的超強冷氣團持續南下中，疫情也再一次席捲各地！

（五）享受末日的幸福感

闊別近八個月，再次坐在筆電前已經是 2020 年 4 月 15 日，一個天涼氣爽陽光溫馴的午後，這陣子生意平淡，在小店內輕啜著黑咖啡，此時全球正壟罩在新冠肺炎的疫情之中。

透過持咒讀經平撫了心緒，使得今天下午仍能平心陳述，印證了唯有找到方法加上自身的執行才能持久。

就在此時回想起過往的種種，再次揚起「那是我嗎？那真的是我嗎！？」

所言所行不論對錯好壞，正是自己當下認知所產生的言行，也都會等比例的產生內、外的漣漪反應。

全程就是我，並沒有另一個我，僅能說那是「當時的我」和「現在的我」。佛家所說的「無我」正是提醒大家，並沒有另一個我，從頭到尾的真相，就是只有你自己，只是你改變了！

雪山隧道讓我重生

同年六月間又發生嚴重的暈眩，血壓、各項指數依然正常，自己確定這次與自律神經是無關的，是頸椎出了問題吧！決定接受專業整脊的徒手診療，這一類的調整，腦內科醫師是不鼓勵的，所以自己需要作抉擇！

　　左後腰摔傷的多年痼疾，竟然會牽連到右側頸的肌肉鬆緊，這已是骨架和肌腱間的第三個層面的問題了，多年來各科的診治，體會到脊椎除了間隙，頸、腰椎內彎曲度的適當與否，對身體是重要的，調整過程也感受到有一定的風險，不能急由淺入深分階分次的來進行，再一次證明人體真的是大學問。

　　2021 年五月，台灣掀起另一波的社區感染，一如去年也是在清明前後，隨著人們對病毒的瞭解，加上疫苗的研發與生產，相信不久就能夠控制下來才對。

　　感恩自身以及家人至親，都平安的在南瞻部洲逢萊仙島的台灣，相信這一切終將過去，也靜待春暖花開的來臨。

　　近十五年的刻心回顧以及適時落筆描述的「心路」，無數次的增減修改迄今，讓我想起了金剛經中的三句開示。

須菩提！實無有法，佛得阿耨多羅三藐三菩提。

　　須菩提！是法平等無有高下，是名阿耨多羅三藐三菩提。

　　須菩提！過去心不可得，現在心不可得，未來心不可得。

　　個人重複了一句，過去心不可得，現在心不可得；「現在心不可得」，未來心不可得。

　　進入隧道前的過去心，停佇隧道中的現在心，走出隧道後的未來心；人生有無數次的過去、現在、未來，關鍵是大方向正確嗎？現在的您下決心了嗎？

　　回顧生涯的各座隧道、重疊的隧道，雖然已經不會心生糾結及暈眩，也能沿途瀏覽牆面的水痕、裂痕和模糊的刻字，不過畢竟是再一次的探索回顧，心田仍是有一絲絲淺痕。

　　在這個過程當中深深感受到，能夠體會不代表說得出來，說得出來不見得寫得出來，寫得出來不必然做得到位，做得到位也不一定能夠恆常，僧難俱足、僧實難為，是該收心停筆～～思辨也是無明，至此是該放下了。

鐵杵不會是一天就能磨成針，何況繡花針也會再生鏽的，持續淡化自覺受到傷害的人事物，包括是自己傷及了他人；不因念頭再產生糾結心，抱持感恩、供養和謝罪的意念，逐層堆疊心緒的平衡，同時旴進延展穩定的持續性。

貳

自食其力的邊走邊調整，
這就是生命的意義

平凡人的工作心法與選擇

　　工作的意義不是僅限於付出和賺錢，也包含專業的再學習、工作態度的養成、人際互動、觀念啓發以及善盡社會的責任。沒有錢要工作，有錢的人士更可以好好地投入，因爲他們可以兼顧理想及使命，歷史上很多偉大的成就，是富有的人士直接或間接參與所創造的，所以即使中了大樂透，也應該努力維持正常的作息如常的工作。

　　現代社會從二十到二十五歲開始，有三十五年以上的工作生涯，三四十年的從業與學習，由辛苦、摸索到從容，才是恰當的人生旅程。

　　犯錯不可怕，麻木不仁才可悲，哀莫大於心死，失去信心拒絕嘗試改變，那人生就只有一種顏色，灰色。

　　在順境中請能感恩及學習，在逆境中請能維持正常的作息，心是柔軟有彈性的，求生的意志則是像鋼一樣的堅韌。

人的一生像一首名曲，有快有慢、有高有低，也類似一篇文章，有起承轉合、有精彩有平淡，需要逗點休息，也需要句點來告一段落，歸納一些看法提供參考，希望有助彩色人生的追求。

貳、自食其力的邊走邊調整，這就是生命的意義

第一個五年　25～30歲

一枝草一點露　天生我才必有用

◎ 正派、有制度具發展性，是選擇職業與公司的普遍性標準，每個人都是當了爸爸之後才學作爸爸的，邊做邊學，是畢業之後生活與工作的常態。

◎ 原則上公司是愈換愈小的，所以社會新鮮人，請抱持勇氣去挑戰大型企業，就算落榜，也可以從中學習到應徵面試的流程與經驗。

　§ 歐美、日韓集團，台資、港中企業，公司文化的思維與內涵，是各有不同的。

◎ 陌生的環境中，需要自助才有人助、才有天助，自己快樂也要自己找，能穩住身心面對急迫、適應寂寞，是需要學習的。

　§ 交朋友，請有所為有所不為，合法守信恪遵職業道德，擇能擇善而交，懂得建立自己的特色與口碑，不必響往掌聲，先求沒有負面的陳述。

◎ 對於運動、影藝、媒體等站上螢光幕前的行業，出頭機率低發展的不確定性高，過了這個村沒有那個店，通常會面臨中壯年轉型轉行的調整。

雪山隧道讓我重生

§ 請不要被超高所得與知名度衝昏頭，那是因勢發揮了所長，提前賺到名與利，同時付出受限制的生活代價所換來的。

§ 當事人能否維持身心平衡，持續跨越或順利轉型，變成是這類行業的超高挑戰，所以常青型的明星，是值得尊敬的。

§ 猶太人不支持子女從事運動、影星等行業，但是不反對去投資有前景的運動或藝文相關產業，其間的考慮以及專業的不同，是值得細細思量的。

◎ 服務單位報到，這是進入社會的第一個機會，扮演好角色盡自己一份責任，專注才能凝聚成專業，也是成立家庭的最佳時期，同時提醒，急歸急注意「安全」才是回家最快的路。

§ 每項職務都能認真學習與執行，一回生二回熟三回就駕輕就熟，能有一些績效，功勞則是上級領導有方、同仁協助才完成的，愛因斯坦就是代表性人物，感謝大家的幫忙比獨居首功更具有智慧。

§ 不管有沒有人看到，請留意細節做好細節，這是自我要求、自我負責，也是未來致勝的要素之一；承諾的事情要實際去執行，能不能夠圓滿達成有很多因素牽制，請能適時幽默的取得諒解。

§ 最簡單的如裝訂簡報資料，最後會不會檢查背後的釘腳有沒有壓平，避免與會人士手指勾傷。

§ 影印文件時，留意上下左右能夠對稱方正。

◎ 印象不深比負面評價好，風評佳比認識的人數重要。

§ 持續努力第二外國語，公司內外都能有一些朋友。

◎ 中式、美式、日式、韓式餐桌禮儀能稍加了解，對生老病死、婚喪喜慶的禁忌也請略加探詢，如此才能入境隨俗而不冒犯。

◎ 在沒有更好的工作之前，現在的工作就是最好的，在沒有選擇的環境下，就選擇適應環境。

§ 公司或團體就像一部洗衣機，自己就像一件襯衫，可以被上沖下洗，但依然能夠維持堅韌的纖維以及衣態。

◎ 憲法賦予個人生存與工作的權力，但是不包括喜歡。

§ 擅長的工作不見得是最喜歡的，請用擅長的去求生存，把喜歡的當興趣休閒。

§ 職場的穩定性是重要的長期競爭力之一，任何職業或職務，累積三年才會有小成，從眼睛到雙手的距離，不是你想像的那麼接近。

◎ 只是不喜歡某人或某事，就貿然離職沒有預留退路，代表自己還有很大的進步空間。

§ 不要忘了，對方也不見得好過，差別是誰在意、誰堅持、誰的實力好、誰在為團體著想，因勢調整迂迴前進，比一時也比氣長，這是形成專業敏感度的必要過程。

◎ 在管理者眼中，把事情做好是應該的，倘若凡事用心達成率高，他會再交辦更多任務、難度也會愈來愈高，指責也會愈多愈重，這正是代表著信任以及對成敗的重視。

§ 請先執行再說，遭遇困難再適時、適度的反應，上級會傾聽並給予意見，必要時也會撥出資源協助，請感謝給你舞台的這位貴人。

◎ 遭逢跨級指揮時，請先執行之後，隨即向直屬主管報告。

◎ 配合應酬前請先吃點東西，再無聊也不要滑手機玩遊戲，留意餐桌上需要協助的事務。

◎ 學得一技之長和兩把刷子是努力的目標，委屈、受氣、重複作業是收入的一部分，其中蘊含著心性磨練的目的。

§ 有一些情況，是決策者宣誓主導權和測試服從度刻意做的，看不清楚高層的意圖和局勢，不懂得配合調整跟上變化的腳步，厭煩朝令夕改無所適從，進

而滿腹的嘮騷，這正是最笨的聰明人。

◎ 今日受的委屈，說不定就是他日的正當性理由，長時間來看，會有吃虧就是佔便宜、賽翁失馬焉知非福的有趣現象。

　§ 沒有逆境的焠煉，那來心智的大幅成長，正面思考維持前進的行動力是最要緊的，可以放慢但不能停頓。

◎ 請不要在情緒激動時作重大決定，蒐集資料、謄寫計劃、反覆討論修改的目的，就是要避開這個人性的陷阱。

　§ 讓身體活動轉移焦點，是暫時跳脫情緒的好方法，這也是性愛的功能之一。

◎ 除非與公司理念完全不合或者已無立足之地，否則應該以請調單位為優先考量。

　§ 要學到東西，要有一些績效貢獻，這才是未來可以展示的成績單，不能毫無建樹，甚至恐懼挑戰的夾著尾巴離去，這是會傷己也不利人的，當然，部門整個被裁撤或者涉及不法則是例外。

◎ 有機會與難纏的人互動是美好的機遇，也是礪練提昇的時期；承受他、理解他、化解他、最後超越他，屆時你會發現功力大增，同時更珍惜家人與合得來的親

友同事。

◎ 三十歲之前曾被親友或同學欺騙、背叛，與難纏的人士例如師長、長輩或長官，互動超過一年，雙方磨合之後，可以達到互不侵犯底限的平手境界，長期來看是一種幸運。

§ 面對挑戰、尋求對策、學到經驗、重新出發，是需要環境來練習及磨練的，這正是逆境菩薩存在的意義。

◎ 一生當中最少會遭遇二~三次嚴重的挫折、欺騙或背叛，愈老碰到愈累、代價也愈高，有一些特例是明知騙人還必須裝傻給他騙，青壯年就能累積經驗，長期而言也是要感恩的。

◎ 沒有增加二十五%以上的薪資，請不要輕易換公司。因為在新的環境中，前六個月到一年內，很容易調適不過來，造成短期內再一次的跳槽，這樣非常不利於個人的經歷，唯一能夠支持渡過瓶頸期的就是待遇，增加了百分之二十五以上的那份收入。現代的企業負責人，都必須具備工作經驗及專業能力的，否則很容易因為經驗不成熟造成誤判，付出無法挽回的代價，先替人抬轎之後，才會懂得坐轎，各行各業的領導人物，都具有一些共通的人格特質：

貳、自食其力的邊走邊調整，這就是生命的意義

§ 能夠看出人、事、物正面的價值，找到差異化的間隙與商機之所在。

§ 擁有熱忱，具備包容心與抗壓性。

§ 自我管理性強，不同階段能找到對的人請益或合作。

§ 身體健康生存意志強韌，懂得放鬆，睡眠品質良好。

◎ 地方角頭、幫會老大，也是有上述的特質。

§ 從事的行業，端看當事人的選擇，因果則須自負，社會也自有評價，一生的境遇也會因為選擇而完全不同，杜月笙就是個典例。

§ 請留意，警察與小偷官兵與盜匪，千古以來就是一直長相伴隨的，一個穩定的社會，絕大多數都是守法的人士，只是少數的惡徒太囂張而已，這也符合二八比例的自然原則。

§ 狂妄自大挑戰法律的背後，其實是自卑或者缺乏安全感。

§ 智慧型罪犯是比你我都聰明和瞭解人性的，引誘、欺瞞、毒品、收買、談判、豪奪、恐嚇、暴力。

§ 付出的代價例如，落荒而逃、黑吃黑、跪地求饒、傷亡、判刑。

雪山隧道讓我重生

§ 他們更懂得避開刑責的技巧不惜找代罪羔羊，內心則是努力的合理化犯罪行為，唯一在意的只有利益和成就感。

§ 是絕對的野蠻生存者，這是一個人自己的選擇，所以請旁人能慎用同情心，因為這類人士專門偷取同情心。

◎ 感情是兩面刃。

§ 戀愛，會讓人擁有高度的成就感，當然也可能造成很大的挫折感；是身心成長最快，也是最劇烈的互動模式。

§ 觀念與過程請能恰當，戀人對於彼此的借貸要謹慎，寧可量力主動支援，超負荷的要求，請懂得拒絕，因為戀情會因此產生質變，即使結婚之後，也一樣會受到影響。

§ 公私要區分，不能嚴重干擾到工作績效，否則一定會兩頭空，因為麵包是愛情的基礎，貧賤夫妻是百事哀的。

貳、自食其力的邊走邊調整，這就是生命的意義

◎ 環境和教育影響人的一生，人類成長的方程式：

「觀念」改變，態度就會跟著調整；

「態度」改變，習慣就跟著養成；

「習慣」改變，性格就會跟著變化；

「性格」改變，人生就跟著不同。

雪山隧道讓我重生

第二個五年　31～35 歲

專精與廣泛

◎ 有機會參予學習第二種專長或者角色是幸運的，每走一步就會留一下腳印。一份工作或事業，在人類社會中所代表的意義是能力與自信，而且還能彰顯自己的信仰。

§ 可以天天回家吃晚餐，也可以選擇全家共進早餐。

§ 可以每週出遊，也可以忙兩三個月，當專案任務告一段落之後，規劃全家較遠程的旅行。

§ 可以把公事、情緒帶回家，也可以選擇調適後，晚一點帶著宵夜、懷著抱歉感回家。

§ 沒有聚會沒有互動應酬，長期下來，對個人與家庭成員的發展，並不是正面的。

§ 避免與異性同事長時間或酒後單獨相處，除非還是單身而且喜歡她（他），同時年滿十八歲。

§ 逐步體會公領域與私領域的互動關係：

七分完美三分遺憾才是真完美。

法、理、情的拿捏。

體驗二八比例的自然原則。

貳、自食其力的邊走邊調整，這就是生命的意義

§ 「默認、讚美、獎勵」，態度堅定的「提醒、警告、斥責」是管理循環的三步驟。

◎ 臨危授命，收拾殘局，開疆闢地，功歸主帥。

§ 這是一位職業經理人必需礪煉的成長過程，因為最後的風險與責任的承受者，並不是你，所以功與過均歸主帥，這樣的時空角色自古皆然，只是現在換到你必須扮演而已。

◎ 確定調任單位或換新工作時，盡可能預留幾天處理私務及休息，因為到任六個月內是不適合請假的，這與法令無關，是與熟悉業務、調適及觀感有關。

◎ 換新單位或公司，請先適應文化和作業程序，請不要急著批評，六個月後才有辦法提出相對客觀圓融的改善意見。

§ 既來之、則安之，請能熬過去，懂得如何向人請教，同時體會其中的酸、甜、苦、辣以及人性的多樣化，這些滋味其他地方也都存在，能找出因應、學習及生存之道才是重要的。

◎ 任何職務都有他的「原罪」要背負，有時與個人的專業、對錯無關，而是與立場、派系、制衡原則有關，隨時要有面對三方挑戰或三次打擊的實力、機智與勇氣。

雪山隧道讓我重生　　　　186

◎ 缺無好缺，一定是具有挑戰性前人才會離去，公司才會調派人員或者高薪聘任；面對她、化解她，最後是帶領她，展現長處、遮蔽短絀、見招拆招是保護自己的必要心法，能夠等待時機也是生存的必要條件。

◎ 空降管理的心法如下，要求新進與照顧新進，尊重先進和引導先進，聆聽資深後提醒資深。

　§ 公領域與私領域交互運作，認同一點包容所有，持續往目標邁進，這就是管理的能力，恰當的運用影響力則是一門藝術。

◎ 彩排練習的時候當然力求全面及完美，一旦登台，所有的表現都是美好的。

　§ 請不要當場動怒、指責或自責，而是先適度對應、幽默處理，關心有無人員受傷包括身體與心理，檢討與獎懲都是結束之後的事了。

　§ 表演如此、考試如此、會議簡報如此、人生亦如此；昔日的糗事，就是現在自我調侃的有趣話題，而且可能被同一顆石頭絆倒好幾次，其實是很痛的！

　§ 失敗是成功之母請能沉穩的面對她，跌倒之後站起來，至少也要抓一把泥土在手裡，請不要空手而歸白痛一遭，更不能因受挫而影響作息。

貳、自食其力的邊走邊調整，這就是生命的意義

◎ 團體發展到不同的階段，會需要不同類型的單位領導人，這是自然的定律，重點是執行的過程與人員的安置。

◎ 任何團體都需要老幹與新枝、開拓與保守的兩股力量，家庭也不例外，否則容易大好大壞。

◎ 只要是群體的社會結構，階級、特權與弱勢族群就不可能消失。

§ 民主法治真正改變的，是產生方式的階級輪動，盡量的合理、帶有運氣的遊戲規則，其餘的就是兄弟爬山各自努力了。

◎ 相人、品人進而用人，開始要潛心的體會與學習。

§ 請能愈挫愈勇，因為時間還長得很。地理風水、流年運勢、天體運行的「常識」請涉略，避免未來在得意或不如意時，被有心人士牽得團團轉。

◎ 任務當然要努力達成，但是位居中階層職務，有時因情勢所迫得現學現賣，扮演馬前卒的角色。

§ 也會遭遇到特例，就是不能太快達標的，甚至要有準備面對失敗的到來，請不要太多的抱怨，還是要耐心的作業，因為明知不可及，作業過程才需要更努力的投入，這樣事後才能有個交代，甚至逆轉。

§ 因為有多方人性心理的考量、政治派系因素、商業

利益考慮，所以才會有「事緩則圓」的說法。

§ 負責執行的人，當下看不懂全局，以為上級指揮沒效率、做重工，甚至抱怨和批評很多，小心遭到秋後算帳，輕則調離核心、重則被迫離去。

§ 尤其是緊急時刻，請能聽命行事主動彌補缺失，看完全局之後，再下定論也不遲，岳飛就是失敗的典例。

◎ 良禽擇木而棲，因為傾力付出或者背黑鍋是很辛苦委屈的過程，發覺跟錯人或不講道義的組織時，僅能暫待，騎驢找馬已是不可免。

◎ 適時提出因應對策或具體方案是責任，但是請「理直氣和」的說明，同時「尊重裁決」，傷己傷人的激烈方式是不必要的。

◎ 心中沙盤推演「變動因素」的因應，模擬一開始就把事情做對的方法，這正是未來當家做主的練習舞台，明知而不執行是戰術，但不能是無知！

◎ 可以不表示意見、中立或遺憾來代替「說謊」，請體會「善意謊言」「惡意謊言」存在的原因，「善中帶惡」「惡中存善」的差別。

§ 所以「聽話」是一門學問，即使是相同的一句話，不夠成熟會聽不懂其中的輕重，當身心在失衡的狀

貳、自食其力的邊走邊調整，這就是生命的意義

態時，也容易顛倒誤解的。

◎ 「有話直說」代表想聽，但也隱含不耐煩及準備表態攤牌，需參酌語氣及當下的氛圍，你還是必須思慮周延但是「簡潔」的表達，所有的判斷及回應須一氣呵成，這是需要學習的。

§ 所謂聽話要聽尾音，請學習察言觀色，身處在華語系統的文化之下，就必須適應這個特性。

§ 交淺言深失言，交深言淺失人；近朱者赤，近墨者黑。這是不分年齡的定律。

§ 運動、音樂、繪畫、各類鑑賞知識與美食品嘗，是可以跨越國界、年齡、性別的話題，多接觸也有益身心，是人與人之間的潤滑劑。

◎ 請懂得錦上添花祝福別人，但請不要落井下石詛咒他人，可以低調關心落馬的人，但切忌聚集在一起批評關鍵人。

◎ 各種資源都擺在那裡，就看當事人能否透視、爭取與整合，舞台是靠自己去創造的，適度的化被動為主動是必需的。

§ 請不要躁進而引起主管或同行的強烈威脅感，請循序漸進、借力使力才能事半功倍。

§ 透過用心當主客觀條件成熟時，即使脫離去獨當一

面，也是可以得到高層祝福的。

◎ 碰到緊急任務或突發挑戰時，請「停頓一下深呼吸」，聽清楚弄明白，內心請放鬆說話請放慢，連走路都要告訴自己不要太快而跌倒。

§ 請依據一二三對應的原則來化解或突破，指示方向請明確、行動則是積極的，因為只有一次機會無法重來，這就是「急事緩辦」的心法。

§ 時間，是解決問題不可或缺的要件之一，避免誤判和節外生枝就是最快的方式。

§ 請挺住壓力，耐得住周邊的七嘴八舌，堅信危機是會過去的，努力到最後一刻，整個過程是盡人事而聽天命但求無愧，所謂盡己之謂忠。

◎ 能適時貢獻才有價值，讓公司與長官需要你，在人前人後，請懂得倫理分際亦師亦友，喝酒作樂時亦不例外，切忌有了私下的方便，變成台面上的隨便，讓大家都下不了台，這是重要的觀念與習慣。

§ 自覺身心失衡時，請能適當的婉拒應酬或任務，讓自己休息調適甚至就醫是必要的。

◎ 「大頭症」「發酒瘋」「口無遮攔」「眼高手低」是很糟糕的病，身為主管、領導人物更需要留意和節制！

貳、自食其力的邊走邊調整，這就是生命的意義

◎ 每三~五年請客觀檢視自己，在團體中存在的價值是什麼？是要安於現狀還是挑戰未來？

　§ 不管結論如何，請能感謝公司、團隊讓自己有事做、有收入還能夠成長，倘若是高階主管或負責人，更需要落實這個自省與規劃。

◎ 苦勞比不過功勞，資淺不容易取代資深的被信任感。

　§ 請功勞和苦勞並俱，專業與人格並重，這一切需要舞台、時間和機會來歷鍊及證明，其實企業主面對的挑戰更大，因為員工隨時會因為一個簡單的理由就離開。

◎ 沒有人有辦法將每件事都做到滿分的，那是追求的目標，也是人類進步的根源。

　§ 實際執行下來之後，可能平均七十八分，最高九十最低一項六十五。

　§ 檢討的關鍵在於輕重緩急的區分、執行的過程、對策與態度，附加一項，不能有不格的項目，自己也可以打打分數，不需要天天隨他人起舞。

◎ 萬一犯大錯了怎麼辦？當然要付出代價！

　§ 可以作的是祖誠面對、減輕損失、改正錯誤、調整方向，耐心的再多用一倍時間，重建自信和形象。

　§ 將功贖罪，就是描述類似的情況，請調單位另起爐

雪山隧道讓我重生

灶也是一種選擇。

§ 你的誠意與改變，旁人都會知道的不用急，大家只是擔心你會舊態復萌，所以請保持沉默埋首作出成績，時空一到，他們會回頭再給你機會的。

§ 這個過程可以讓你深刻體認，「信任」是有分量、是可貴的，而遭受誤解、委屈、被責罵，其實是收入的一部分。

◎ 本來就可以選擇堅守崗位、力爭上游而不作他想，軍公教人員就需如此。

§ 請要珍惜出差、專案、在職訓練與調任的機會，以保持自己身心的彈性以及視野。

§ 滾石不生苔，但是石頭都不動，最後會動不了變成頑石，阻擋了自己與團體的進步而不自知。

◎ 一個人一生要有「五師」，人與人交往要有平台、要投緣也要主動，但不是強求，該有的禮數不能因為熟識就輕忽。

一、老師

二、醫師

三、會計師

四、律師

五、法師

貳、自食其力的邊走邊調整，這就是生命的意義

◎ 罷黜百家之後編輯傳世的儒家思想，基本上是在為「政治」服務，才得以傳承千年；佛、道兩家在帝權的體制中，也得適度依附才能順利推廣，字裡行間請能夠檢視與取捨。

◎ 可以尊重與學習，但請不要直接、粗糙的討好權貴或富人，容易引起動機的疑慮，甚至反被利用、戲弄之後一腳踢開。

　§ 很多初創業的成功與失敗，常常與這個評估與判斷有直間接的關係，先互利之後才會有互信。

◎ 與權貴、富人互動的過程不見得會獲利，因為他們比你更精明、更會盤算甚至是苛薄。

　§ 可以期待的是，透過近距離的互動，見識到公與私的決策思維與模式，接觸到新的訊息和一份合理的收入。

　§ 承辦業務的過程中，認識其他專業人士增長見聞，圓滿任務的同時，也建立個人的口碑，增加自己未來的發展機會。

◎ 生存的專長條件有四大類：技術、製造、服務、創新，請勇於嘗試學習，對了，謙虛拍手感謝大家幫忙，錯了，幽默化解道歉檢討。

◎ 集團企業需要十年的時間，培養下一個世代的領導幹

部，綜合這些專業技藝、具體成績、協調整合能力、職業道德、學經歷，將使你擁有實力掌握人生第二個轉折的機會，不管在體制內或體制外，年齡約在三十五到四十歲之間。

◎ 巨匠米開朗基羅（Michelangelo）1475~1564，在西元 1498 完成聖殤（pieta）送審時，有評審質疑：「聖母會不會太年輕？」他虔敬回答：「聖母是永恆不老的。」當下化解尷尬通過審議。

西元 1504 年送審大衛像（David），有一位評審認為鼻樑太高，他二話不說爬上雕像微修，同時在上方詢問評審「這樣可不可以？」

§ 其實當下他是裝模作樣，落下的石灰是他爬上去時，握在手裡帶上去的。

§ 米開朗基羅並不是一出社會就有這樣的應對智慧，後天的體會與學習是很重要的。

§ 創意、努力、堅持都是必要的，能夠適時尊重一下「人性」給予必要的交代，這不是鄉愿，是對自己的決定，擁有充分理由的信心，同時能理解他人的感受進而圓滿的行為。

貳、自食其力的邊走邊調整，這就是生命的意義

第三個五年　36～40歲

確立方向　抬頭苦幹　力爭上游

◎ 靜極思動、動極思靜是此時期的兩樣情，以不變應萬變也是一種抉擇。

◎ 尊重人性、引導人性是整合能力很重要的一部分，期盼能夠百尺竿頭更上一層樓。

§ 擔任士官長是一個選擇，企圖勝任公司高層幹部，或者是副總經理以上的職務，這是因人而異的目標。

◎ 在符合常規法令之下，也可以考慮投資企業當合夥人，或者朝熟悉行業的上游或下游延伸，將自己的實力與獲利進一步拓展。

◎ 往昔工作的歷練與專業，學生時代參與社團、擔任幹部、學習才藝的經驗，家庭、夫妻、子女的經營投入，在此時期會完全展現出價值來。

§ 也會印證很多的知識、常識與耕耘，並不是當下就用得到，而是儲備於未來。

◎ 請懂得尋找自己的舞台，在等待機會的同時，也能主動承擔風險創造機會。

雪山隧道讓我重生

§ 實力、企圖心、方法與運氣都佔了一定的比例，上台靠機會要順勢，下台靠智慧身段要美，這是作好準備的人士才會獲得的禮物。

◎ 高手過招贏在細節，大方向確定之後，執行的過程、細節的落實、時間的掌握、關係的經營，變成是勝敗的關鍵。

§ 請能夠借勢轉換角色，借力達成目標，一邊學習一邊回饋，同時提昇自己的境界，這是延續競爭力的基石。

§ 向上經營互動與向下管理要求及照顧，時間、分量請比例分配，有了上級的支持與資源，同僚的分工與互助，才會好辦事。

◎ 體會什麼是恩威並濟、棒子與蘿蔔的道理，什麼是雙軌區間原則、風箏管理的心法，延後享受、資源分享的奧妙何在，大事化小、小題大作的運用原因與技巧。

◎ 請留意「程序正義」，再忙再煩也要調整情緒後，定時的雙向溝通或聊聊。

§ 這代表著尊重，同時瞭解雙方的動向，定時的微調焦距，不能偏離太遠，否則是會拉不回來而出狀況的，這個概念公務需要、夫妻需要、親子之間也需

貳、自食其力的邊走邊調整，這就是生命的意義

要，只是時間的分配比例不同，請懂得尋求體諒。

◎ 明明是功勞一件卻被挑毛病見縫插針。

§ 請能理解她、承受她、化解她，繼續將自己推進，同時協助團體往正確的方向駛去。

§ 這正是能力、是理念、是肚量、是責任，是在寫自己獨一無二的人生歷史，你不是第一位遭遇，也不會是最後一位。

◎ 擁有半數的支持就已經不得了了，面臨對手無情的打擊是人性的常態，因為爬到金字塔的二分之一以上時，僧多而粥開始少了。

◎ 擅長內鬥者無能外抗，擅於外抗者不擅內鬥。

§ 出將入相絕不容易，卻是自我要求的長期目標，請履敗履戰不要氣餒，直到能看明白自己與人們的心思，就接近『明心見性』了。

◎ 不用忌妒別人的成就，建立自己的專長與特色，力爭上游才是捷徑。

◎ 以七到十年的週期來觀察，徹底消滅反對勢力不見得是上上策，戚繼光就是典例。

§ 有時圈圍他才是良策，因為螳螂捕蟬麻雀在後、狡兔死走狗烹，這是大自然的定律。

§ 可以採取鄉村包圍城市，或者殺雞儆猴來替代，政

雪山隧道讓我重生

治與商業的法則是，力求生存不被消滅，只有不來
往的人士，但是沒有永遠的敵人。

◎ 打贏每一場戰役，不見得能贏得全局。

§ 掌握關鍵時期與任務，適時完成取勝並且感謝大家
幫忙，這樣才是高手才會是常青樹。

§ 其它維持七八十分，不要墊後就好，空出來的時
間，可以陪伴家人瞭解子女的變化及因應，聚餐交
際、運動或者上課研修。

◎ 請適時技巧的向決策單位展示成果，懂得擇機爭取資
源的挹注回饋，這是重要、敏感、高挑戰性的商業行
為。

§ 時機的選擇因人因地而異，編個明知是藉口的理
由，加上一點幽默與低姿態，但是沒有強烈的脅迫
感，是比較容易獲得決策者認同的。

§ 透過第三者或外圍組織也是一種方式。

§ 事後請記得感謝，因為決策者從頭到尾都很清楚，
只是要不要做、值不值得做的決擇而已。

§ 這是對人性的尊重，坐上那個位子就會如此也必須
如此，包括自己。

◎ 年齡愈大職位愈高，其個性、價值觀愈明顯，請能分
辨但不能說穿，因為朦朧才是美、留白才有空間，順

貳、自食其力的邊走邊調整，這就是生命的意義

勢而爲就好，直接拆穿是會付出代價的。

§ 當權者感覺被視破，是會感到不安的，這是人性，
自己坐上那個位子時也會如此的，請逐步培養與問
題、不同看法能夠共存的能耐。

◎ 當仁不讓、承受風險作出決定，是領導人物在抉擇時
必要的智慧與氣魄。

§ 請懂得在犯下錯誤時，適時停損找到下台階，除了
自保，同時維繫著人心繼續挺進，因爲生存下去比
什麼都重要，曹操就是典例。

◎ 老闆都是很摳的。

§ 這個現象，除了當事人個性、習慣使然以外，其實
也隱含了管理的內涵。

§ 長期觀察，公務上該花的錢他也是當機立斷的，私
領域的消費也值得探討，該交的女友可能也不會
少。

§ 請細細品嘗其中的奧妙，經營者即使作個樣子也是
要做出來的，避免團體失控。

◎ 可憐之人常有可恨之處，江山易改本性難移。

§ 這是對弱勢族群或者失敗者，長期觀察的感慨。內
心沒有力量的懦弱之人，是朽木無法雕塑、糞泥是
扶不上牆的。

雪山隧道讓我重生

§ 朽木或良材，與是否眼高手低有關，也和適才適所有關聯，認清自己是很不容易的。

§ 沒有感恩之心、滿腹抱怨的人士，僅可救急！他必須依靠自己先站起來，這正是這類人士的必修學分。

§ 擁有目標與恰當行動力的人士，因一時錯判而跌跤，可以講究方法的協助渡過難關，這也是一種投資，與上述兩者是有差別的。

§ 幫助的方式很多樣，探詢問候、喝茶閒聊、提供意見、傳達機會都是，所以財施、法施、無畏施都是協助都是功德，作善事也是需要方法與智慧的，適時、受用自自然然最好。

◎ 救急而無法救窮是常態性的原則，還沒出借債主最大，一旦借出負債人變老大！

§ 相對有效的抵押保證及牽制是商業行為，卻是可供參考的方式之一。

◎ 情誼資助則需留意下列的提醒：

§ 有借有還當然再借不難，但是間隔太短或者有還，但是又愈借愈多，甚至要求擔任保証人的方式，請能及時踩煞車。

貳、自食其力的邊走邊調整，這就是生命的意義

§ 有借沒還也不用生氣，就沒有下一次了，也是解脫。

§ 請懂得忍痛停損、平和面對，風險評估在第一時間就要做好，可以折兵但是不能又賠夫人。

§ 借與貸是個人理財與識人智慧的考驗，也是漸行漸遠或成為至交的轉折點，金融服務業就是專業的從事者，企業之間、國與國之間，同樣存在這些有趣的現實情況。

§ 借或不借，借多或借少？
和緩氣氛、態度誠懇、瞭解原因、理由充分，請不要無意間傷害了當事人的自尊心，因為這些人幾乎都是信任你或肯定你的親戚朋友或同事。

§ 最棘手的是，不是當事人需要，而是替至親提出的需求，不幫忙一定是影響關係的，請不要造成怨懟就好，親近或疏遠已是趨勢了。

◎ 超過十年以上未見面的親友，是需要重新認識與適應的，親友如此、面對企業、都市或國家亦如此，所謂危邦不入、亂邦不居就是這個道理。

◎ 你可以不參與政治，卻可以投資政治，你可以不喜歡政治，但不能不瞭解政治。

§ 只要有人就有政治，涵蓋了所有的層面，同時產生

雪山隧道讓我重生

的影響是化學變化的。

§ 企業負責人一樣受到牽制，例如客戶、董事會、銀行團、主管機關、主要零件供應商等等。

◎ 經營者要面臨的挑戰和委屈是很多的，而且還不能輕易說出來。

§ 一來擔心軍心動搖，二來憂心被取笑被批評。

§ 生存意志與尊嚴，催促經營者要轉化情緒談別的話題，所以高處不勝寒、心事誰人知。

◎ 最喜歡的、最討厭的、最害怕的人事物，在公領域的表達請適度保留，因為位居到這個層級，誠實是會有負擔的，偶而會付出代價。

§ 競爭對手，想攻擊你最害怕的地方，利益關係人，想討好你所喜好的。

§ 董事會、主要客戶、供應商和大股東，都在觀看如何的完成任務達成目標，關心情緒調適、休閒嗜好，包括對金錢與女色的慾望與拿捏。

◎ 身處大型集團，感受的時間或許會延後兩三年，公家機構或公營單位，可能會延後三五年的原因是：

§ 感受與反應，是受環境刺激才會產生的，類似投手與打擊手的進化關係。

§ 組織大小及功能定位的不同，自然會形塑而成在制度文化上的差異。

§ 民營企業比公營單位，平均提早 5~7 年轉換跑道。

◎ 公務機關前十年，個人發揮的機會相對少，排隊、磨練的時間多，長期抗戰的忍耐力和企圖心是敦促自己的原動力，堅守崗位圓滿退休的人士是值得尊敬的。

§ 選擇政府單位或公營機構，有法令的保護及要求，失業的風險很少，但是依法行事聽命執行的「工具人」特性，相對提高很多。

§ 景氣好的時候，軍公教人士感覺吃憋，當景氣不好時，又覺得慶幸。

§ 這個循環一直存在，這是人生的一個選擇無關對錯，正面思考是需要學習的。

§ 競爭領導位子時一樣很激烈，倘若缺乏客觀的評鑑標準，競爭狀況是更複雜、更詭異的。

◎ 人在公門好行善，擁有權力的背後，是責任與承擔，不輕鬆但也蠻有趣的，請試著享受它。

§ 自己快樂要自己找，如何謙卑的使用權力，是需要體會與學習的。

◎ 面對眾人之事，請體悟自己所扮演的角色為何？避免單以個人情緒的喜惡去處理。

§ 符合法規範圍內，才能考慮彈性的處理方式，否則僅能從輕發落或加重處罰而已。

§ 犯規與違法、避稅與逃稅，是差之毫哩失之千哩的，為了幫忙而造成自己違法，傷及團體與家庭就真的是大不幸了。

◎ 人類的經歷與成長，與年齡有相關，但卻不是絕對，不經一事是不會長一智的，所處環境的不同，造就不同的經驗及認知，所以好命歹命、好運壞運是很難定義的！

◎ 值此時期，感情另有投射的誘因多數與交友情況、進出場所或者壓力挫折有關。

§ 請能認知、能調適，懂得分寸與迴避，必要時找親友、專業人士或者配偶探討解決方式。

§ 請不要獨自硬撐而愈陷愈深，在有效的調理對應，一般在六個月之後就會有顯著的改善。

◎ 婚姻講究的是幸福，快樂只是其中的一部分。

§ 婚姻需要分階段經營與相互的調適，讓家庭在不同的時期，能調整在最佳的平衡點上，除了有利成員的生存與身心成長，同時砥礪出自身的智慧與包容力，大自然的運作本就是動態平衡，絕不是一成不變的。

◎ 子女的自主性、獨立性，是由環境刺激循序學習而得來，基本能力不夠，是經不起挑戰的，太晚太慢惡習已成，調整更費時失敗率也高。

§ 十五歲以前，請分三階段教養小朋友，懂得對自己的情緒、行為、觀念、態度與選擇，負起責任承受獎罰。

§ 十五歲以後，能夠逐步擁有自我照料、學習、自行規劃、明辨是非、知所進退的獨立習慣，以便迎接未來振翅單飛的挑戰，期盼能夠自我調適應付自如而樂在其中。

第四個五年　41～45歲

攀峰與谷底　貴在選擇與時運

◎ 這時期所得是豐厚的、是勞心的、是尷尬的，就看處在什麼產業？怎樣的單位？怎樣的位置？

◎ 俗稱「幹一行，怨一行」「男怕選錯行，女怕嫁錯郎」多是描述這個時期。

§ 所謂的中年危機，其實也是一種轉機，看待事物的方向與境界的一個重要分水嶺。

◎ 五年前的錐心之痛，可能變成今天立足的基礎；五年前的得意之作，可能變成今日的負擔，昨非今是、昨是今非，源自於環境、階級和視野的改變。

◎ 體會到戲劇中『生、旦、淨、末、丑、雜』的分野與需要，其實就展現在日常生活和工作環境中，每個人都有擅長的角色。

§ 一生當中，只扮演一種角色是遺憾的，不同階段，請能嘗試扮演不同的角色，慢慢體會學習，增加成長過程的轉換彈性。

◎ 進入組織金字塔的三分之一以上範圍時，實力、忠誠、企圖心、影響力與情緒穩定性，缺一不可。

貳、自食其力的邊走邊調整，這就是生命的意義

207

§ 請不要以為禮讓就會沒事，讓出位子與權力之後，不管你怎麼想，此時的你，已是登上位者的長期威脅，換單位、轉跑道是必要的考慮，提前部署離調職的談判條件，在此時變得相對重要。

◎ 長江後浪推前浪，前有強將後有追兵，值此時期的環境是不進則退。

§ 只要是適法合理就要力爭上游，就要建立影響力，以退為進是戰術、是形勢的判斷、是賭注，這與道德無關，但是會以道德來包裝。

§ 退一步海闊天空團結為重，是給有實力，但略遜一籌的人士下台階，是由第三人來形容的。

◎ 適法競爭、當仁不讓。不能將前途與家計，架構在競爭者的慈悲上，是此時期重要心法，不要誤入道德的陷阱。

◎ 請注意是心法，司馬昭之心眾人皆知，則是比較糟糕的操作方式，因為吵鬧會嚇走獵物，要懂得進可攻、退可守若隱若現，不到關鍵時刻絕不表態，以保持彈性與影響力。

◎ 學到專業的知識與技術、爭到位子和權力、賺到利益之後，要再做什麼呢？願景理想在那裡？

§ 師出要有名，個人或團體，在不同階段都需要一個

理想與目標，才能凝聚、才能齊步向前，所以有夢最美。

§ 請留意，沒有理想與目標的團體，只會剩下混日子和內鬥，當然混得漂亮、鬥得高超，也是生存的能力之一，這是人生或者團體的一個選擇。

◎ 人類社會與大自然環境的互動，不是固定不變而是動態平衡的；找不到原則與彈性，內心與外在互動的平衡點，就會是這個時期的大麻煩。

◎ 假想敵的設定、企圖心或野心的展現，請不要過度的負面解讀，因為這也是在凝聚當事人的力量，期盼能夠更上一層樓。

◎ 付出不求回報的原因是，長期觀察下，幫助十個人之後，其中三位淡忘了，三位想回報卻力不從心，另三位只記得你財大氣粗態度傲慢，幸運的話，只剩下一位有心也有能力協助你，其實這也就夠了。

§ 常常不是你付出最多的那一位，甚至是從頭到尾就是旁觀者，祇因認同你的作為，所以願意幫忙，這是人性的特色及可愛之處。

§ 為善不求回報，其實是在保護自己、鼓勵自己，期望自己永遠能夠手心向下的給予。

貳、自食其力的邊走邊調整，這就是生命的意義

◎ 有能力還是要付出的原因是，償還因果債、積陰德、增智慧。

　§ 忘記比記恨好，朋友比敵人好，仍有一位幫得上忙總比沒有好，因行善而結交知音，更是人世間最美好的事情之一。

◎ 符合規範下，適時讓人有回報的機會也是一種藝術。

　§ 藉以評估自己的分量，同時取得資源、廣結善緣以利政通人和，一切請自自然然懂得分寸拿捏，無須喜怒形於色。

◎ 有機會遭遇「需要被幫助」的時候，內心當然是五味雜陳，這正是人生的味道之一。

　§ 經營公司、帶領部門、維持家計，就需要擁有這種柔軟的能力。

◎ 請彈性互動與運用懦弱或愚蠢的這兩種人。

　§ 此愚蠢不是指專長、學歷、階級與所得，現象的發生是一段期間，同一位人士過去曾是加害人，現在變成是受害者。

　§ 有人領悟後，不輕易再扮演類似的角色，有人卻會本能性的變本加厲，當然也有人，就是扮演不來或是還沒有機會扮演。

　§ 妥協不是錯，但是毫無原則及分寸的拿捏，並且主

動落井下石再邀功，這是懦弱甚至是邪惡。

§ 堅持當然可以，但是看不懂時機局勢沒有步驟，高
理想、剛愎自用常常會幫倒忙，這是愚蠢。

§ 有低學歷的智者，有高學歷的愚人；有運用知識來
幫助人，也有利用知識去欺侮、欺騙人。
請慢慢體會上述的特質，再有經驗及地位，也無法
避免被騙、被委屈或者欺負。

§ 可以轉化心境從容面對，減少發生的機率與付出的
代價，其實自己也可能不知不覺的扮演了上述負面
的角色。
檢討後慢慢調整即可，不用太自責太急促，因為這
就是人性或者職責的一部分，沒有人真的想搞砸，
技巧不純熟而已。
請能理解這正是學習的過程，千萬不要氣餒，調整
後請要勇於再嘗試，直到心中能夠清楚剖析大環境
的趨勢、各股勢力的消長，自己存在的定位及價值
在那裡？

◎ 坐上高階管理位置時，下列的判斷會涉及到組織運作
與成敗功過，體驗運用的時間可長達十年以上。

§ 組織核心的競爭力在哪裡？如何補強或轉換？

§ 表面語言、態度的背後，隱含的原因、立場與目

211

的，最終的原則在那裡？

§ 面子與裡子的權衡，目的與代價的抉擇，柔軟與剛強的拿捏。

§ 為何扮演？要不要扮演？找誰扮演？時機、分寸如何權衡？

◎ 三四十年的生活形態，體內長期受到壓迫的部位，開始會有症狀反應。

§ 修行要略帶三分病，因為不適或疾病會讓當事人有所警覺，才能節制與調整，然後心智獲得成長。

§ 有些人體質良好並未加以留意，可能會在五十五歲以後，出現突發性的重症請能留意。

配合春、夏、秋、冬的節氣，調配養生食材適量食用，可調理補身也可以增進家庭的感情。

◎ 培養、支援子女請有原則與步驟，適才、適所、知命、理命，貴在恰當，否則容易造成愛之適足以害之的親子窘境。

◎ 生兒育女是上蒼賜予的權力與責任，小朋友因緣際會選擇了 DNA，他與這個家有緣分來作伴，也是來作客的。

§ 成年之後，過而不入是常態，過而不出是負擔，過而返哺是幸福，符合期望當然高興，不符期望也無

需氣餒，但是教養過程中，請讓子女知道，他們對現在的家和未來的家，都是有責任的。

◎ 很多偉大的成就，是在幾經煎熬之餘，最後在平靜、單純的心境下作出決定的。

§ 因為在那個當下，天地不會假手他人，而是直接與你的心聯結，洞悉關鍵因素而作出決定，所以請謙卑的看待自己的成就或者挫折。

貳、自食其力的邊走邊調整，這就是生命的意義

第五個五年　46～50歲

承先啓後　再接再勵　挑戰人生

　　各行業明星級的人物，人生常會大起大落，有些甚至晚景悽涼的原因，都不是他這一輩子的錢賺得不夠多，而是其他的因素所造成，有些案例，甚至是因為錢太多或者太容易賺到所鑄成的。

俗云：五子登科不易，五福臨門更難。

五子：妻（夫）子、兒（女）子、房子、車子、銀子。

五福：長壽、富貴、康寧、好德、善終。

◎ 此時期常有以下的現象：

　§ 對內、對外都要承先啓後、必須獨當一面，也是晚輩的表帥。

　§ 是方向的擬定人，資源的爭取者，也是責任的承擔人。

　§ 面對不確定的未來，卻要提供同仁、家人穩定的工作及生活環境。

　§ 面臨授權與提攜後進的斟酌，如何再創高峰的挑戰。

　§ 部分人士則會面臨攀不上高峰退居高級幕僚，甚至

考慮轉換跑道的抉擇。

◎ 大型集團公司核心幹部的圈選，需要二點五個階段約十二年來訓練、磨合、定位與淘汰，即使採用挖角方式，也會有磨合與考驗期，所以千兵易得一將難求。

§ 請適時規劃與授權，能做但不能說，要給機會、要觀察、要等待。

§ 人與環境變化是三年一小變五年一大變，給大家二～三次的調整機會是必要的，所以位在高處是寂寞的。

◎ 有才有德之人擁有自信與分寸，副產品則是個性與脾氣；有才無德之人使命必達不計代價，局勢改變或時機成熟時，立即豬羊變色也毫不留情。

§ 人因為時空是會變化的，制衡的管理規劃是不得不的選擇。

◎ 部分行業、公司，會遭遇外在環境的劇烈變化，被迫必須轉型，是危機也是轉機。

◎ 擁有遠見及信心的公司，會提供擴張性的工作環境，充分運用這個時期的幹部，除了再創營運高峰以外，同時賦予訓練的責任，儲備企業未來的核心競爭力……人才。

§ 不同行業、不同公司、不同專業、不同階級，會產

貳、自食其力的邊走邊調整，這就是生命的意義

生不一樣的競爭與生存的價值觀。

§ 公司基層幹部面對這兩三個月的業務，中層幹部安排半年的計劃，高層幹部佈局近壹兩年的目標，經營者則是在觀察，未來三五年市場變化與政經局勢的因應，這就是分層負責，適才適所是必需的。

§ 市場重彈性、管理重原則，這是一個蹺蹺板，因時、因人、因地會有偏重，但不能完全傾斜，所以才會有中庸之說。

§ 業務人員希望商品愈多愈好，研發人員恰好相反；客戶希望愈便宜愈好，供應商卻不以為然。

§ 原料產業、組裝系統廠商、批發零售貿易商，是產銷的生命共同體，但是生存的法則卻是不盡相同。

§ 軍公教人士強調奉公守法擔心受騙；商業人士重視公司獲利，迎向風險與挑戰。

§ 金融服務業與製造創新產業的思維，生存邏輯的差異是更大的，絕對不是「吾道一以貫之」可以涵蓋的！

◎ 三與七的倍數尤其是公倍數，都是面臨轉變、挑戰、抉擇的時期，個人、家庭、產業的變化週期都是如此。

§ 這也是民間信仰中常提到的數字，「存在」本身就

雪山隧道讓我重生

是一種價值，代表經歷變動通過考驗，超過 105 年的家族、企業、團體或者國家，都是值得尊重與探討的。

◎ 賺取財富不易，贏得尊敬更難，自古名利本就難兩全。

§ 有些成就，是要透過兩代以上來完成的，在追求名與利的過程中，請能留下一些正面、有趣的故事，後代比較容易記得你、感謝你，俗云抱丈夫之氣，懷赤子之心。

§ 擁有權力或財富是能力的展現並沒有錯，只是要慎用。

◎ 請能夠藉由轉換環境來調整角色，藉以適度沉澱、歸零自己。

§ 除了運動休閒旅遊以外，參與宗教、藝文或寫作，有能力兼任教職更好。

§ 不斷創造被利用的價值是一句殘忍的形容，但是值得大家深思的話題。

◎ 有機會跟年輕人、小朋友多互動，可以再熟悉一下純真、活力與莽撞的感覺。

§ 三人行必有我師，包括子女的成長過程，也可以啟發自己的心智，生他、養他、教他最後要放他的心

貳、自食其力的邊走邊調整，這就是生命的意義

境，子女如此，工作事業亦如此。

◎ 思考人生將會留下什麼？！

§ 準備十年後退休的生活內容，另一個投資規劃與調整轉型的重要時期，工作生涯中最需要勇氣、最重要的一次抉擇。

◎ 愛有一種面向叫捨得，慈悲有一種面向是像鋼一樣的堅韌與承擔。

§ 請擇機使用由情入理、由法入理，配套來進行，於公於私，能適才適所的調教下一個世代，當然，不提供協助並沒有罪，只是要有原則與正當理由。

§ 所賺的每一分錢、耕耘的每一寸地位都是辛苦的，所以也要用在刀口上，給予的金額與方式請能恰當，除了維持當事人的尊嚴以外，不要養成當事人的依賴性，反而會害了他，細水常流才符合自然規律。

◎ 當事業家產龐大到一個程度時，當事人除了維持自身及配偶終老的保障以外，企業體的區隔，對後代需因人來分配金錢、依才能分配權力，否則身後企業體容易失去競爭力，家族也容易發生紛爭。

§ 也許人算不如天算、也許生命會自己找出路，恰當的安排至少能避免脫序太大，所謂盡人事聽天命。

◎ 健康與智慧、感恩與付出，提前認知擁有她們，後續人生比較容易是彩色的。

§ 俗話說：三十歲左右，能達到多高學歷大致已看到了，五十歲左右，能有多少財富地位，也差不多可以推論，這與人類生理、心理和社會演變的週期是有關係的。

§ 這個時期在親情、家庭價值的考驗，多數跟壓力挫折、權力財富、身心因素與雙方價值觀有關聯的，請能試著跳脫出來看待，必要時參考專家的意見。

◎ 多回想美好感恩的時刻，重新拍個照片，調整一下雙方嘮叨的話題與方式，她（他）也許依然故我，請先放下，從改變自己做起，他（她）會感受到的。

§ 舊棉襖雖然不再鮮豔，可是在寒冬裡，卻還是如此的保暖與合身。

貳、自食其力的邊走邊調整，這就是生命的意義

第六個五年 51～55 歲

年過半百趨勢已現　享受工作厚植福田

第七個五年 56～60 歲

子女成年社會更迭　收放拿捏端看智慧

第八個五年 61～65 歲

身心狀況主導一切　含飴弄孫感謝老天

第九個五年 66～70 歲

病痛啓智瘋活莊嚴　達觀看待信仰支撐

第十個五年 71～75 歲

人生如戲戲如人生　種瓜得瓜種豆得豆

　　一部偉大的作品，作品本身可能比作者更偉大，因爲她承接了天地的靈感與使命，成熟的創作者或發明家，會心懷謙虛看待自己不同時期的作品或發明，你我也應該如此吧！

巨匠米開朗基羅（Michelangelo）1475~1564，一位藝評家在專訪時說，他不只一次雕塑聖殤像，甚至把自己也雕上去扶耶穌，推論最後一座可能是把雕刻好的聖母憐子像，繼續的再雕下去，透過不斷雕塑耶穌的身體，期望得到救贖。

　　感恩較能舒暢放下才得自在，
　　逃避則是遺憾甚至痛苦的開始。

　　人的一生雖然已有劇本，
　　卻因為選擇，所以充滿了驚訝與色彩。

貳、自食其力的邊走邊調整，這就是生命的意義

後記

　　都是當下的深邃感受，落筆彙整第二篇的從業心得，相隔了十年之後，才有能量描述自身心念變化及轉折的第一篇，有趣的形成前者微觀後則廣視的架構，驗證了寫得出來不必然作得到位，也發覺有一些結論是前後可以輝映的。

　　這份心得報告，是一位自認為正常的病患所書寫的，期間的差別只是病得嚴重、病情減輕而已，所以不論對、錯與否，期盼能夠提供醫、病溝通的參考。

　　思緒是由點到線再擴及面，並不是先有全面的架構再往下延伸，所以自己也說不出其中有所關連的原由，而且就在心緒逐漸平順了之後，自知要再陳述也寫不出來了，因為那份急欲分享坎坷糾結的溫熱動力已經宣洩，或許這也是「過去心不可得」的現象之一吧！

　　置身於比往昔相對平衡、平靜的身心狀態，約莫可以理解金剛經中的一段問答：

世尊！我若作是念：「我得阿羅漢道」；世尊則不說「須菩提是樂阿蘭那行者」。以須菩提實無所行，而名「須菩提是樂阿蘭那行」。

思緒、意念、行為才是重點，而不是所謂的「果位」，何況意念與行為是動態的並不是固定，也感受到佛祖點出的阿蘭那行，是存在於人類的一種身心狀態與行為，並不是佛教徒所專有。

個人深知必須身處資訊開放、信仰自由的民主社會當中，才有這種機緣來觀察、體會與思索，這絕不是理所當然的。

人身已難得，所處的時代與國度，更是難能可貴，網路的時代正是離天堂最近，也是離地獄最近的年代，一切就端看自己的選擇了。

2021 年六月因為防疫規定，外出要戴口罩，興起了想用無煙的尼古丁「替代菸」，不是戒而是間歇性的替代，往昔在戒之後每復抽一次，菸量就會翻倍，所以不敢輕言戒，即使抽了菸也盡量不伴隨思考，好記住已抽了當下的這一根菸。

不似以往的是，這次的心緒是平靜沒有糾葛，類似要跟陪伴了近四十年的老朋友辭行，也許要辭行很多

後記

次，才能抹去堆疊的慣性回復原來的留白，不過空白能夠階梯似的遞增也是一種圓滿吧。

2021年中秋過後的10月分，在二號假日的傍晚，長子上香之際突然發爐，一陣慌亂的整理；隔天上午就在家中客廳談及此事之時，家母突然感應到供奉的觀世音菩薩以及三尊家神非常非常的高興，同時也體感到前所未有的心緒平順滿溢法喜。

隨後家母才提起，七天前自閉孤立的大妹妹前去找她，問話會簡單的回應，精神狀態好轉但是仍時好時壞。

這是幫她另外安置住家之後，十多年來的首次，我有感的跟母親提到，知道自己的大女兒已經六十歲了嗎？！

同月八日吳居士轉告補充，家中祖先已有菩薩在帶領，這是最最源頭的安排，代表祖先關已過，但是個人的身體關，還需要勤唸藥師經，另外交代了一些細節。

兩年前內人依轉告，幫大妹報名藥師經的法會，一年半前報名了一次水懺法會，藥師經的法會則是繼續參加。

回顧 2006 年夏化解祖先冤結迄今，又過了十五個年頭，深感欣慰家中供奉的兩位祖先也是有在努力的，當下也勉勵自己，能夠持續的淨化向上提昇，不要再自以為是的顛倒夢想傷己傷人。

　　個人至此是深深的感恩，也讚嘆，這是何等殊勝的因緣，也再一次的驗證自助人助、自助天助這句話。

　　最後感謝曾經關心照顧過的親友、師長、長官及同仁，因個人而受到傷害的人士及家人也懇請諒解，感恩在生命旅程當中的相互參與，也期盼能夠各自圓滿。

2022 年 1 月 1 日

國家圖書館出版品預行編目資料

雪山隧道讓我重生／柏言著. ─初版.─臺中
市：白象文化事業有限公司，2022.7
　　面；　公分
　ISBN 978-626-7151-01-3（平裝）

863.55　　　　　　　　　　　111005999

雪山隧道讓我重生

作　　者　柏言
校　　對　柏言
法律顧問　永衡法律事務所　吳佳憑律師
發 行 人　張輝潭
出版發行　白象文化事業有限公司
　　　　　412台中市大里區科技路1號8樓之2（台中軟體園區）
　　　　　出版專線：（04）2496-5995　　傳真：（04）2496-9901
　　　　　401台中市東區和平街228巷44號（經銷部）
　　　　　購書專線：（04）2220-8589　　傳真：（04）2220-8505
專案主編　黃麗穎
出版編印　林榮威、陳逸儒、黃麗穎、水邊、陳媁婷、李婕
設計創意　張禮南、何佳諠
經紀企劃　張輝潭、徐錦淳、廖書湘
經銷推廣　李莉吟、莊博亞、劉育姍、李佩諭
行銷宣傳　黃姿虹、沈若瑜
營運管理　林金郎、曾千熏
印　　刷　百通科技股份有限公司
初版一刷　2022 年 7 月
定　　價　350 元

白象文化　印書小舖　出版・經銷・宣傳・設計
www.ElephantWhite.com.tw　PressStore　自費出版的領導者　購書　白象文化生活館